한국창조문학대표수필선

길 따라 친구 따라

오영방 수필집

창조문학사

■ 작가의 말

지금은 모든 것에 감사하면서 살고 싶다.

생각에 따라서 다르지만, 벌써 저 먼 곳으로 간 친구들을 생각하면 더욱 그렇다. 떠나버린 자가 남아있는 자 보다 훨씬 더 많다.

점이 이어지면 선이 되었듯이, 지나간 순간들을 연결하니 짜깁기 되어 나의 삶을 이루었다. 누구나 똑 같은 그런 현상이다. 그것을 쳐다보면 여러 가지 모양들이 떠오른다. 벗겨 보니 재미도 있다. 모두가 자기의 삶이 가장 드라마틱하게 느껴질 것만 같다. 그러나 고만고만하다. 어찌 보면 조물주는 공통분모를 골 고루 나누어 주나 본다. 누구에게나 인생의 삶이 호락호락하지 않다. 거의 지나고 지금 생각하니 재미도 있다.

지나간 뱃길이 물에서 없어지듯이 조용히 흔적 없이 지나가고 싶은데 남은 찌꺼기 들이 토닥거린다. 나도 별수 없이 소화하지 못하고 토해내듯 자국을 남긴다.

어린 시절 마을 도서실에서 독후감을 쓰는 기억이 더 맑다. 뒤를 돌아보니 재미있는 일이 더러 많이 있다. 그 당시는 몹시 괴롭고 힘들었는데, 추억은 그립기만 하다. 생각해보면 지구를 몇 번을 돌면서 구석구석 많이도 갔었다.

만나고 , 토닥거리고 , 작별하고 또 사별하고 그것이 천지의 운행인 것을 혼자만 안고 갖고 있는 짐처럼 무거워 했다. 모두들 함께 가는 길인데, 왜? 하면서 반문할 것이 못된다. 잠자리 날개처럼 가볍게 하고 싶다. 그래서 감사만 생각난다.

\- 미국 로스엔젤레스에서.

차 례

2 GRANDPARENT'S DAY

3 고사리 손 티파니의 강강술래

4 농민 성자

1 린지의 생일

린지의 생일

라운드 피자집에 도착했다.

린지의 생일 파티를 위해 피자집에서 모이기로 했다.

린지는 나의 첫째 손녀다.

벌써 열한 살의 나이라 한다.

어느 누구인들 자기의 후손들이 귀엽지 않을까?

곰도 자기 새끼가 귀엽겠지만 나의 손녀가 이 세상에서

나의 전부인 것처럼 느껴지고 그런 생각은 버려지지 않는다.

혹시나 늦을 까봐 서둘러 약속시간 안에 도착하고 보니 아무도 보이지 않는다.

카운터에 가서 예약된 것을 확인하고서 자리에 앉았는데 전화벨이 울린다.

며느리의 목소리다. 조금 늦지만 곧 도착한다는 소식이다.

옛날 같으면 목을 기린처럼 쭉 빼고서 입구 쪽만 쳐다보는 것이 당연하였는데 손에서 떠 날줄 모르는 핸드폰이 편리하기도 하다.

아내와 나는 서로 마주보고 앉으며, 다른 아이들이 웅성웅성 떠들어 대는 것을 본다. 참으로 생일파티도 미국에서는 간단히 하는구나 하면서 시끄러운 실내에 적응 하려고 애를 쓴다. 십여 분이 지났을까, 한 부대가 몰려온다.

둘째 손녀 알린이 뛰어 오며 손을 높이 올려 " 하이" 한다. 그리고 아내와 나를 번갈아 안아준다.

린지는 다른 친구들과 같이 들어오면서 인사를 한다.

키도 제일 크고 예뻐 보인다. 친구들끼리 자리를 잡으며 떠들어 대며 우리 쪽을 쳐다본다. 그러나 달려오지 않았다. 잡은 새를 놓쳤을 때 같은 기분이 든다.

내 마음속으로는 엊그제 어린애였는데 하며 너무 커버린 손녀가 대견스러우면서도 한편으로는 아쉬운 생각이 엇갈린다.

세월이 흐르면. 어린이는 자라고 어른은 늙어가는 것은 아주 평범한 진리이다. 그 세월 속에 우리가 묻혀서 순응해서 살고 있다. 이미 막대기 같이 굳어진 내 손으로 나의 얼굴을 문지르면 왠지 아쉬움이 남아 있을 뿐 나는 흐르는 시간에 밀려 멀리와 있다.

그래 세월은 흐르는 것이야 정지할 수는 없다. 모든 만물은 변하고 있는 것이다.

꽃들도 피었다가 시들고 푸른 잎도 낙엽이 되는데 어찌 변하지 않은 것이 있으랴,

손녀 린지가 어릴 적에는 선택의 폭이 적으므로 우리와 놀았지만 지금은 친구들과 노는 것이 훨씬 즐거운 것이라 는 것을 알면서도 약간은 섭섭한 마음이다. 분명한 이유를 갖다 붙여보아도 쓸쓸한 기분은 달랠 길 없다.

친구들과 손짓도 하고 몸짓도 하고 웃으며 떠들어대는 동심의 세계, 그 속에는 순수 자연스런 것들만 존재하겠지 하며 생각해 본다.

린지는 우리에 대한 사랑이야 한 결같이 똑 같으나 이제는 학생임으로 친구들이 있기에 그들과 노는 것이 당연할 뿐인데 우리는 왜 그리 섭섭해 할까? 밀려나고 있는 서글픔을 적당한 미소로 감쪽같이 감추고 있다.

주문한 피자가 도착했다. 팔 등분으로 쪼개진 피자를 하나씩 들고 먹는다. 먹는 것 보다는 이야기 하는데 중점이 있는 모양이다. 하기야 비만이다, 건강식이다, 순수 자연산 이다, 요동치는 세상에서 먹는 것이 그리 중요할까?

이 파티를 즐겁게 해 주는 것이 최선일 것이다.

이 파티가 끝이 나면 극장에 가는 것이 예정되어 있다 한다.

옛날 나 어릴 적 생일이 생각난다. 어머니의 손으로 정성스럽게 만들어진 시루떡만이 생일 최고의 선물이요, 단일 품목에 만족 하였던 그때 우리들이 아닌가?

생활의 양상이 변하고 삶의 질도 변하였으니 변화에 순응을 하여야 된다는 것을 알면서도 주책없이 또 옛날과 비교 한다.

체념이란 말이 나에게 적합한가, 갑자기 파랑새가 생각난다.

저 애기 속의 메트릴링크의.

"파랑새"

공중으로 마음껏 날아가는 파랑새
숲을 향하여 나르는 파랑새
너의 보금자리를 향하여
가시덤불이 있어도
그 속에서 여우의 울음소리가 들려도
언제나 우리 가까이에서
울고 있는 파랑새

그 중 어떤 친구는 오늘도 학교에서 만나 이야기를 나누었을 것인데 눈망울을 서로 마주치며 고사리 같은 손들이 분주하게 움직인다.

그 속에는 아직 속임수도 잔꾀도 없는 순수함이요, 태초의 본바탕이겠지 하며 속으로 생각해본다.

세상 모든 것이 너무도 빨리 변하는데 나의 생각이나, 집착은 왜 고집스럽게 거북이 걸음인지?

저만치 손녀딸 린지는 무엇이 그리 좋은지 친구들과 정답게 재잘거리고 있다.

혈육에 대한 끈끈한 이 정의 끈도 언젠가는 놓을 날이 오겠지 하고 나 혼자 서글픈 생각도 해본다.

피자집 창밖에는 거미색깔로 어느새 하루가 머뭇머뭇해 지고 있다.

아내의 무게

나는 이른 새벽에 병원에서 집으로 왔다. 문 밖에 던져있는 신문을 주섬주섬 집어 들고 안으로 들어갔다. 불과 2일인데 오랫동안 비어 있는 것 같이 집안이 설렁하다. 우편물을 대략 정돈하고 식탁의자를 바로 하고 흩어진 것을 치우며 각방 문을 열어보아도 별 이상은 없다. 그러나 왜 이리 가슴이 시릴까? 지구상에 혼자 남은 듯 너무 허전하고 어찌할 바를 모르겠다. 아담했던 집이 공연 끝난 극장같이 횅하다. 가정이란 때로는 즐거운 극장이요 때로는 울타리 없는 감옥처럼 느껴지기도 한다.

가정의반쪽인 아내가 입원을 하니 빈 공간은 너무 크다. 적막함, 고요함 등등은 예전에 느끼지 못했다. 아내의 무게가 온 우주 같이 컸다는 생각도 한다. 오늘 새벽 병원에서 잠이 깨였을 때는 4시경 이였다.

수혈을 받으며 아내는 잠을 자고 있었다. 세월 앞에 장사 없는 것이 더욱 실감난다. 아내의 얼굴이며 목둘레며 주름살은 더욱 선명하고 뚜렷하게 보인다. 우리가 같이 살아가며 보낸 시간의 흔적이다. 바삭거리니 왜 벌써 일어나? 하며 아내가 눈을 뜬다. 팔에는 주사 바늘 줄이 주렁주렁 매 달려있다. 거동이 불편한가 보다. 나 집에 잠깐 다녀올래, 그래도 2일이나 텅 비어있으니 궁금도 하고, 아마 한 시간이면 충분할거야 하며 서둘러 집으로 왔다.

몇 가지 책을 주섬주섬 가방에 넣고 속옷이며 필요한 것들을 함께 넣었다. 아직도 밖은 깜깜한 밤이다. 새벽의 공기는 싸늘하다. 다시 병원을 향하여 차는 달린다. 사람은 갑자기 일상생활에서 벗어나면 당황한다.

지난 이틀 전에 혈액 닥터와 예약 되여 검진을 받으러 갔다. 의사가 손에 피 검사 결과서류를 쥐고 있다. 피를 뽑아 병을 분석하는 자료다.

현기증이 없느냐?

가끔씩 춥지 않으냐?

힘이 없느냐? 몇 가지를 가볍게 질문하고 검사 기록만 쳐다본다. 굳어진 얼굴 표정이다. 일상생활에서는 불편한 것이 없느냐고 질문한다. 약간은 허약한 상태지만 정상인처럼 생활 하였고 내일 또한 일박 이 일간 단체 골프게임도 예약되어 있다고 대답했다.

의사는 나에게 얼굴을 돌리며 입원해야 합니다. 아주 소리가 낮은 목소리다. 지금 백혈구 수치는 너무 낮아요, 집에 갈수 없습니다. 라고 말 한다. 현 상태로 일상생활을 계속할 수 없음으로 빨리 병원 응급실로 가라고 한다. 눈이 회동그래진 아내는 나만 쳐다보며 힘이 없고 실망스런 표정이다.

약간 불편을 느껴도 정상인처럼 행동을 했었다. 사흘 전에도 풀코스를 라운딩 했다. 참으로 예상이 어긋난 상황이다. 죄 없는 사람을 형사가 강압적으로 감옥에 넣은 것처럼 당황 하나 의사 지시에 따라 입원을 하였다. 입원 이일 째 되는 날 집을 다녀온 것이다.

입원실 문을 열고 다시 들어가니 아내가 책을 보다가 핼쑥해진 얼굴로 나를 쳐다보며 빨리 왔네 한다. 아직은 이른 새벽인데 잠을 못 자며 기다렸나 보다 같이 있어야 잠을 편히 자는 습성이다. 여기 다른 책도 있어 하며 주었다.

인생의 가장 큰 보람은 한 번도 쓰러지지 않은데 있는 것이 아니라 쓰러질 때 마다 어려워도 다시 일어나는 것이다.

인간이란 생명체는 어떤 환경에도 적응하는 내성이 있다. 아내에게 힘내라 말하고 싶다. 그 힘에다 내 힘도 같이 보태겠다고, 병석의 아내를 처다 보며 몇 번이고 마음속으로 되뇌었다.

카프리 섬

카프리 섬은 유난히 기억에 새록새록 남는다. 그것은 일종의 선입관도 있고 또한 호기심도 있었다, 허니문 여행지로는 세계적으로 유명한 곳이다. 세기의 결혼식을 했던 영국의 황태자와 다이애나비가 신혼여행을 했던 바로 그 곳이다.

이탈리아 남부 소랜트에서 배를 타고 남쪽으로 카프리 섬을 향해 출발했다. 나는 으슥하여 마음만은 상류층 계열에 어깨를 나란히 하는 기분 이다. 물결도 곱다. 칠월의 지중해 온화한 기후에 잔잔히 출렁이는 파도는 한층 더 싱그럽다. 온대성 기후에서 익숙한 나의 뺨에 스치는 바람결은 고향 뒤 산에서 맞바람을 맞는 느낌이다. 후미에 앉아서 지나가는 배 자국을 바라보았다. 처음에는 칼날같이 나누어지며 선명하나 멀어지면서 서서히 희미해진다. 소랜트 옆 아름다운 나포리 항구가 점점 멀어진다.

폭은 이십 미터, 길이가 오십 미터 정도의 소형 여객선이었다. 이백 여명이 탑승했다. 일층에도 이층에도 끼리끼리 모여서 속삭인다. 고개를 돌려 멀리 보이는 카프리 산을 바라본다. 바위요, 나무요, 숲이 물위에 떠 있는 느낌이었다.

북 쪽에서 바라보는 이 섬은 큰 원추형의 바위 덩어리로 보인다. 한 시간 정도 항해 후 배에서 내리니 일종의 선착장은 좁은 공간이다. 이 섬 북쪽 지역은 칼로 내리 치듯 수직 절벽으로 해안선이 좁다. 학교 운동장 절반 규모다. 해변에서 많은 관광객이 해수욕을 하고 있다. 정오 때다. 이곳은 모래가 아니라 크고 작은 자갈들이다.

이곳에서 특이한 교통수단을 이용하여 정상으로 오른다. 바위 절벽을 깎아서 좁은 도로를 절벽을 따라 왔다 갔다 하면서, 한문 갈지자로 만들어진 길을 따라간다. 여행이란 항상 여유 있는 것만이 아니다. 산 정상으로 가는 길은 이런 모험도 따른다. 봉고차같이 작은 차량만 왕래하고 특별면허 소지자만 운전한다고 말한다. 오르내리는 차만 봐도 현기증이 난다. 빈대가 벽을 타고 오르는 것 같이 보인다. 몸이 오싹 하며 전율을 느낀다. 그러나 두렵고 무서움이 의식을 지배한다. 정상으로 가는 길은 오직 이곳뿐이다. 그렇지 않으면 비행기를 이용한다. 그러나 막상 타고 보니 상행 하행 차량들이 서로 손을 들어 인사하며 운전도 잘한다. 줄을 타는 곡예사처럼 신의 경지에 도달한

숙련자 들이다. 어떤 때는 탑승자 전원이 "아"하며 악을 쓴다. 그러나 우리는 무사히 중원에 도착 했다. 아름다운 도시가 형성되어 있다. 모든 것이 관광객을 위한 시설물들이 깨끗하게 보인다. 선물 센터, 식당, 카페들이 즐비하다. 산 전체가 꽃이요 숲이요 바위다. 인구는 천오백 명 이라한다.

안내자는 서두른다. 한정된 시간에 이곳을 관광해야한다며, 다시 리프트를 타고 다시 산 정상에 도착했다. 정상에 오르니 모두들 사진을 찍느라 분주하다. 멀리 아름다운 항구 나포리가 보인다. 대략 수면으로부터 천 피트 높이다. 위에서 내려다보니 바닷물 색이 이곳저곳 서로 다르다. 수심에 따라 더 짙게 보인다. 어떤 곳은 아주 짙게 푸른 코발트색이다. 40분간의 자유 시간을 준다.

바다 표면은 평화롭고 잔잔하다. 하얀 점 같은 요트들이 여기저기 많이 있다. 내렸던 선착장 옆에는 많은 사람들이 보인다. 인생을 정말 즐기며 행복한 삶으로 생각된다. 산책길을 따라 가다가 방석 같은 바위가 있어 아내와 둘이 앉았다. 여기저기 휴식 터가 많다.

수많은 사람들이 이곳을 가고 오고했을 것이다. 바위가 대리석처럼 반질반질 미끄럽다.

관광객은 주로 젊은 부부들이 이 많이 보인다.

“여보” 하며 아내에게 묻는다. 저 젊은이의 속삭임은 무엇일까? 그리고 지금 우리들의 대화는? 한 세기의 공간이 꽉 압축된 느낌이다. 그들의 꿈이 무엇이었던 우리도 지난 반세기 동안에 그런 꿈을 꾸었지. 그들은 꿈을 꾸고 우리는 이재 접는다. 그러나 세상은 생각처럼 노근노곤 하지 안했다. 그래도 굴하지 않고 꾸준히 왔었다. 어떤 경우에도 기권은 없었다. 그래서 지난 세월을 한숨 보다는 마음의 성숙으로 회상해 본다. 우리 둘이 삶의 가치를 갖기 위해 많은 노력을 했다. 속으로는 만혼 여행이라도 왔으니 우리는 참으로 다행이다. 하면서 자위를 한다.

부부생활도 불혹의 나이가 지났으니 생기발랄한 기상은 없어도 믿음과 배려는 성숙한 나이에 더 다정스러웠다. 내가 월남의 전선에서 있을 때 무사히 귀국해서 설악산을 여행하자 했다. 생사를 알 수 없고 총탄이 오고가는 전장에서도 여행이라는 단어는 마음에 새겨 있었다. 다행히 무사히 귀국하여 설악산을 다녀왔다. 그리고 세월이 지난 뒤 지금은 스위스의 몽브랑을 지나 카니발이 넘었던 알프스 산맥을 우리도 넘어서 이곳에 왔다.

사람은 원하는 것도 많지만 감사할 것도 많을 것 같다. 이곳은 산 전체가 공원이요 맑은 하늘에 맑은 공기다. 이보다 더 신선한 장소가 있을까? 신혼여행으로 보이는 부부가 우리부부를 보면서 무어라고 속삭인다. 영어는 아니다. 기지개를 피며 일어나면서 아내의 손을 잡고 일으킨다. 아내는 말한다. "우리는 행복한 거야 감사해야 해 카프리 섬 관광은 우리의 행복을 승화 시키는 거야" 나도 고개를 끄덕이며, 우리는 항상 짝짜꿍이야.

자카란타

여름이 봄의 끝자리에 도사리고 있다가 기지개를 필 무렵이다.

촉촉한 봄비가 내린지 오래고 대지가 엄마 품같이 포근하다. 가로수들은 봄의 향기를 초록 잎사귀가 움켜쥐고 있다. 녹음을 품어대는 모든 나무들이 여름 맞을 준비에 한창이다.

자카란타는 무슨 사연이 많아 지금까지 늦잠을 자다가 이제서야 눈을 부스스 비빈다. 오밀조밀한 나무 끝가지들은 죽은 듯 아직도 가죽옷을 입은 것처럼 뻣뻣하다. 벌거벗은 모양이 겨울 냄새를 그대로 풍기고 있다. 매화는 찬바람이 좋아서 일찍 꽃을 일직 핀다고 한다. 지금은 초록 잎으로 무성하다.

그러나 자카란타는 피곤했나? 개으름을 피웠나? 무슨 이유일까? 시집온 새색시가 시어머니 눈치 보듯 ,허겁지겁 잎도 없이, 꽃을 먼저 핀다.

늦장부리는 것 같이 안쓰러워 보인다. 모든 일이 거꾸로 돌아가는 느낌이다.

앙상하게 뼈만 남은 가지들이 먼저 꽃으로 뒤 덮으며,보라색 꽃의 화려한 모습이 오고가는 모든 차들에게 손짓을 한다.

지난해 어느 날 집으로 오는 길에 차를 돌려서 가 보았던 그곳에 예쁜 꽃 봉우리들이 추억으로 살아난다. 그때는 아내가 가서 보자하며 재촉했던 보라색의 그 꽃길이다. 때가 되면 한 치의 거짓말도 없이 올해도 꽃으로 길을 덮는다.

지금은 가슴에 상처를 주며 아리게 한다. 그곳은 두 불럭이 자카란타 가로수 길이다. 옛날 고풍스런 도시의 특성을 살리기 위해 여러 종류의 가로수 들이 모여 있다. 차들이 멈추고 꽃구경을 하고 간다. 젊은 여인들이 추억이 많은지 떨어진 꽃가루를 집어 들고서 뭐라고 속삭인다. 나는 멍하니 차에서 내려 꽃길을 걷는다. 끝없는 고독이 엄습한다. 고독하지 않은 자는 진실한 사랑을 모른다. 사랑은 고독과 더불어 손잡고 있는 것이다. 아내는 처음 만나 결혼을 하고 손때를 무치며 많은 세월을 살다가 홀연히 떠났다, 남는 자에게 고독과 사랑을 아파하면서 살아가도록 강요하는 것이다.

어떤 나무는 탐스런 구름같이 피였고 다른 나무는 비시비실하여 얼기설기 피였다. 똑같은 토양인데 그곳에도 차별의 계급사회는 있는 것이다. 금년은 유난히 쓸쓸하다.

아내는 보라색 그 길을 좋아했다. 옷도 보라색 옷을 즐겨 입었다. 그때는 무심하게 생각 했었다. 보라색의 의미를? 우와 하고 고상한 귀 부인도 상징하지만, 인생의 마지막 길 죽음도 상징한다. 모든 것들이 인연같이 지금에야 생각된다. 큰 운명을 움직이는 대는 무기력 하는 것이 인간의 존재다. 빛이 어둠속에서 존재가 확실해 지듯이 당신의 부재는 나의 삶에 곤두박질 쳤다. 무엇을 어떻게 왜. 그런 낱말들이 무의미하게 되었다. 그냥 흘러간 것이다. 누가 꼬집어도 감각을 무디게 하고 싶다. 우리 반 세기의 역사는 그리 짧은 것이 아니다. 그러나 서로는 해어지는 연습을 못했다. 우리는 스스로가 서로에게 스승이 되어 가르쳐야 했다. 무척이나 아쉽고 여러 생각 들은 떠나지 않는다. 꽃비를 뿌린 자카란타는 지금도 침묵을 지킨다. 그 길을 왜 혼자만 바라보는 것이냐? 외로움이나 고독을 못 견디는 것이 아니다. 나의 의지로는 지탱이 너무 힘들기 때문이다. 눈물처럼 슬픈 꽃잎이 떨어진다. 어제도 오늘도 떨어지며 당부 한다. 힘을 내라고 용기를 갖으라고, 나의 혼을 슬프게 한다. 목까지 차오른 그리움을 여기에 토하고 싶다.

나무는 어떤 환경에서도 그 자리에서 뿌리를 내리면 주어진 명이 끝날 때 까지 고집 한다. 변화가 심 하는 인간과는 너무 차이가 많다. 나무가 바위틈에서도 큰 나무가 되어 우뚝서있다.

찬 서리와 비바람에도 견디며 어떤 환경에서도 수긍하며 인내한다. 산꼭대기에도 바위틈에도 물이 많은 수렁에도 적응하며 견딘다. 그러나 사람은 다르다. 네가 없는 세상은 왜 이리 어려운지 인간 의 나약함을 새삼 더 느낀다.

나의 흉한 속마음을 안 보이려고 무한이도 노력했다. 그래도 집에서는 가장인데 흔들리면 안 된 다며 억지로 웃음을 지으며 걸음걸이도 식식하게 했다. 그리하여 너를 향해 가는 날 나의 뒷모습이 좋았으면 하는 바람이다.

하회마을의 강물이 거슬러 올라가듯 우리는 다시 거슬러 갈 수 없을까?

자카란타 꽃잎을 주어다가 바람에 날려본다. 하염없이 !!

꼬맹이 화분

집의 구조가 옛날 스타일 이어서 뒷마당으로 곧장 나가면 차고로 통한다. 뒷문을 막 열면 오른 쪽으로 화단이 있다. 오년 전에 레몬 나무를 심었는데 크게 자랐다. 레몬이 너무 많이 매달려 미처 따먹지 못한 채 나무 밑에 시나브로 떨어져 있다. 풍요의 미국 땅에서 감사 할 줄 모르고 오늘도 무심이 하루가 지난다.

그 레몬나무 밑에 아주 작은 3인치 크기의 주황색 꼬맹이 화분이 굴러다닌다. 마른 흙이 절반 넘게 채워져 있다. 다시 주어서 여러 가지 생각을 하고 무슨 방법이 없나 생각한다. 한번 실수로 다시 회생이 안 되는 줄 알면서 만지 작 거린다.

인간은 거의 모든 일들이 후회 덩어리 인가 왜? 이런저런 작은 일도 가슴속에 못을 박는 느낌이다. 두 달 전에 정원수 소독약을 구입하러 홈 디포에 아내와 같이 갔다. 아내가 작은 꽃 화분 하나를 샤핑 카트에 넣으면서 나를 쳐다본다.

왜? 이것을 사고 싶어서 하며 가벼운 질문을 하니,

아내는 3.99 야 한다. 3.99 는 3불 99 센트라는 뜻으로 작은 액수라는 암시다.

그 액수는 소비를 하여도 별 문제가 안 된다고 서로가 이심전심으로 통하는 우리 부부다.

조상부터 세습된 조막손이요, 너와 내가 만날 때부터 모든 것이 부족하기만 한 삶의 환경에서 간 고등어를 나누어 먹던 습성일까? 절약만이 미덕 이였던 세월들이 못내 아쉽고 애처롭다.

보석 하나 없는 가난한 생활 이었지만 눈총대신 아름다운 웃음으로 한숨 대신 여유를 보이며 살아왔다.

지금은 대부분 가정이 그러하듯 우리 집도 화분이 여기저기나 뒹굴고 있는 편이다.

그러나 누구나 새로운 것에는 갖고 싶어 하는 마음이 있음으로 욕심이 생기는 것으로 생각된다.

보기 좋은 것으로 하나 고르지 하며 넉넉한 말을 하니 이것도 예쁘다 하며 만지작거리다가 얼른 집었다. 앙증스럽고 작은 화분 이지만 부엌 창문 틀 위에 놓았다.

가끔 물을 주었다. 그리고는 아내가 입원 퇴원을 반복함으로 한참 동안 손길이 가지 못하고 잊어 버렸다.

용암이 분출되고 온 세상이 먹구름으로 덮는 것 보다 더 큰 소용돌이 속에서 어느 날 내 아내는 루비콘 강을 건너갔다. 나는 의식과 무의식의 경계선이 어데 인지 알 수 없이 하루하루를 보냈었다. 방향이 어대이고 목적지가 어대인지 불분명한 일과가 계속된다. 그런데 어느 날 그 화분에 나의 시선이 꽂혔다. 마치 처음 보듯이 신비스런 광경에 홀린 듯 눈동자가 벌어졌다. 그 화분 속에 하얀 장미 두 송이가 피였다.

정신이 아찔했다. 아내의 혼이 찾아 온 것일까? 귀여운 분신이여, 나는 너무도 감격스러워 하늘을 쳐다보았다.

왜 하필이면 두 송이냐? 그것은 꼭 너와 나를 상징하느냐? 정열의 진홍색도 있고 부드러운 사랑의 핑크색도 있는데 왜 하필 이면 하얀 색이냐? 너의 순결함이냐?,아니면 서러워 소복을 입고 나타났느냐? 무심한 나를 알기에 강한 향기로 말 못할 사정을 하소연하려 함이더냐?

하얀 장미가 색 있는 장미 보다 향이 짙다는데 향을 뽐내는 것이냐?

잠시 천지의 흐름을 잡아 놓을 듯한 너의 침묵에 귀를 기울인다. 나는 우리의 마지막손이 합하여진 그 화분이다. 밀고 당기고 반딧불같이 작은 일들도 언제나 둘이 했던 우리들 그날도 그런 일상이 천년만년 계속 될줄로 알았었다. 나는 우리의 마지막 남은 온기가 사라져 버릴까 마음을 조이고 졸렸다.

아뿔싸.!

며칠 후 시들은 꽃을 보았다. 깜작 놀라며 무슨 일인가 살펴

보았다. 연필 알 크기의 줄기에 두 개의 꽃 봉우리는 분명 무거웠다. 균형이 맞지 않은 작품이다. 목이 무거워 부러졌다 과분수의 꽃을 작은 목이 바쳐 줄것을 몰랐다.

두 개의 연필 크기의 받침으로 충분 할 것인데 그것도 생각 못하고 지나쳐 버린 나의 방심이다.

그래도 아직 줄기는 살아 있으니 하며 희망 속에서 물을 촉촉이 주고 싹이 나와 주기를 바라며 레몬 나무 그늘 밑에 자리를 잡아 주었다.

더욱 주의 깊게 보살피며 날마다 쳐다보았다. 죽어가는 임을 살리고자 하는 뜨거운 간절함이다."

며칠을 두고 바라보는 바램은 허사였다. 점점 말라만 가며 석고처럼 단단해 졌다. 꿈은 멀리 사라지고 말았다. 잠깐 앉았다 날아간 나비처럼 보인다.

건너 집 울타리에는 하얀 장미꽃들이 여기저기 많이 보인다.

나는 꼬맹이 화분 하나도 지켜 주지 못한 내가 너에게 두 손을 모으며. 여보, 미안해 또 미안해 외마디 같은 말만 하늘을 향해 되풀이한다.

욕심 펴내기

W 골프장 6번 홀에는 중간지점에 커다란 나무가 있다.

티박스에 들어서는 골퍼들에게 혼동을 준다. 이 홀은 개다리처럼 약간 ㄱ 자 모양이다. 구부러지는 지점에 나무가 서있다. 피하려고 오른쪽으로 치면 어떤 때는 너무 길어져서 OB가 되고 왼쪽으로 치다 목표가 어긋나면 나무가 있어 다음 샷 이 낭패 보기 쉽다. 백여 년이 넘게 보이는 이 고목은 상처투성이의 몸을 갖고 이 자리에 있다. 운명적으로 잘못 태어나면서 그곳에 있었는지 혹은 골프장을 조성할 때 그곳으로 옮겨 심었는지는 알 수 없으나 수많은 공의 세례를 받고 있다. 그러나 묵묵히 서 있다. 그러나 공을 맛고 있어도 좋으니 옮기지만 말아다오 한번 옮겨 다른 곳에서 적응이 하려면 얼마나 홍역을 견디는지 인간들은 모를 것이다. 물을 먹어야 하고 햇빛을 받아야 하고 바람이 불면 허리가 꼳 불어져도 참아야 한다. 그런데 골퍼들마저 돌팔매 짓을 하니 어찌나는 이런 운명인가?

나무는 무슨 생각을 할까? 혼자 중얼거리며 가증스러운 인간들이라고 말 하는 것 같다. 나를 피해 칠 수는 없느냐고? 부드럽게 그리고 서서히 마음도 다스려 공을 치면 보기에도 좋고 맞기도 잘해서 허공을 가르며 목표지점에 안착하여 나이스 샷이 될 터인데, 뭐 그리 욕심이 많아서 있는 힘을 다해 급히 서두르며 죄 없는 공을 치느냐?

나무는 골퍼들에게 욕심을 버리라고 말 할 것이다.

이청준의 "줄" 이리는 단편소설에는 이런 글이 있다.

서커스단의 은퇴할 곡예사가 줄타기를 후배에게 전수 시키는 과정은 참으로 비참하다. 땅 바닥에 직선을 그어 놓고 반복 운동을 시킨다. 선에 벗어나지 않고 숙달되기 위해 수개월을 똑같은 연습이다.

다음은 발바닥 절반만한 각목을 땅 위에 놓고 손을 뒤로 모아 잡은 다음 몸을 꼿꼿히 하여 그 위를 왔다 갔다 하면서 숙달될 때까지 훈련시킨다. 다음 단계는 눈을 싸매고 앞이 볼 수 없는 상태에서 왔다갔다를 반복시키는 것이다. 다되면 각목이 사라지고 줄로 변한다. 다시 숙달되면 한 자 높이의 줄 위에서 반복 훈련을 한다. 그리고 다음 키 높이의 줄에서 왕복 훈련을 하는데 대략 수련과정이 5년으로 끝난다,

스승은 헛기침을 하며 독백처럼 전수자에게 한마디 한다.

“그 줄이란 것이 끝이 멀리 보여서도 안 되지만 더 더욱 가깝게 보이면 낭패니라, 또한 줄을 타면 그것이 도로처럼 넓어 보여서도 아니고 운동장처럼 마음껏 뛰어 노는 장소처럼 보여서도 아니니라.

그 줄이란 것이 마음속에서 아주 살아지고 줄에만 올라서면 그 자체의 자유롭고 고요한 너 자신의 세계니라.

그곳에서 뛰며 걸으며 흥겨우면 춤도 춘다. 그러나 제일 중요한 것은 너는 세상의 눈과 귀에서 막혀 있어야 하느니라. 세상과 단절되지 않으면 헛수고여! 그런 순간의 경지가 비로소 줄을 탈수 있는 것이다.

모든 일에는 육체적 훈련과 정신적 훈련이 동시에 요구 된다. 골프도 예외는 아닐 것이다.

마음과 정성을 다해 연습도 하고 마음도 정리하여 실전에 나서야 한다. 어쩌다 골프장 코스에 놓여 뭇 인간들의 공 세례를 받아 상처투성이가 되면서도 묵묵히 견디는 나무는 어쩌면 거룩한 성자의 또 다른 모습인지도 모를 일이다.

줄타기를 가르치는 스승처럼 말을 하지는 않지만 말보다 더 강한 침묵으로 나무는 말하고 있다. 욕심을 퍼내어 버리라고, 가르침은 적어도 100년을 한자리에서 견디어낸 터줏대감만이 줄 수 있는 것이다.

바라나시 기행

인도의 바라나시는 이스라엘의 예루살렘 같이 힌두교의 성지로써 오랜 역사와 전통을 자랑 하는 도시다.

멀리 히말리아 산에서 흐르는 물줄기들은 모여 갠지스 강이 되고 그 강물은 이 지역 바라나시를 통과하면서 이곳에서는 성수가 된다.

힌두교인들은 이 강에서 몸과 마음을 씻고 죽은 후에 화장하여 그의 분신이 갠지스 강물에 흘러내리면 극락으로 간다고 믿고 있다는 것이다. 그 때문일까?

종교의 힘은 태산보다 더 무겁고 인간 의지의 한계를 초월한다.

많은 순례자들은 이곳을 찾아와 강물에 몸을 씻고, 성수를 마시며 기도를 드린다. 또한 많은 관광객들도 좁은 지역을 왕래함으로 도시는 복잡하고 부산하기 그지없다. 허나 어떤 이는 일부러 극락에 가기위해 이 도시에서 죽음을 기다리며 노숙자 생활을 한다고 말한다.

그러므로 많은 저소득층의 인구가 거주하고 거리는 사람과 차와 소가 어울려서 뒤섞이어 있으며 무질서 속의 질서요 또는 질서 속에 무질서처럼 보인다.

서로가 엉키고 양보 하면서 모두들 자기 갈 길을 간다. 한국의 재래시장을 연상시키며 복잡한 장터와 다름없다

큰 사거리에도 교통 신호등이 없다 이유는 알 수 없으나 소들이 신호체계를 알 수 없어 그 때문일까? 소의 천국 인도에서 소에게 우선권이 있는 것이다. 더구나 소는 아무 곳에서나 실례를 하기 때문에 거리는 지저분하고 질서가 없고 냄새가 뒤덮는다.

"오우토샤" 라 불리는 자전거 인력거는 두 사람을 탈수 있게 만들었다. 앞에서 페달을 밟으며 힘겨운 노동일을 하며 많은 관광객들에게는 유용한 대중 교통수단이다.

갠지스 강은 영어식 이름이고 이곳 에서는 힌두 어로 강가라 부른다.

또한 강가로 이어 지는 계단을 가트라 부르며 강물을 접근하기에 편하도록 계단식으로 만들어져 있고 많은 목욕 자들에게 도움을 준다.

하류에는 비탈진 벌판에 화장터가 있는데 마니까르니까 가트

라 부른다.

많은 사람들이 이곳에서 사망하기 때문에 화장터는 주야로 운영이 계속되며 장사진을 이룬다. 그 불길은 일 년 내내 꺼지지 않고 주야로 타고 있다고 한다.

일출을 보기 위해 새벽 5시 기상하여 강가로 왔는데 3곳에서 불이 타고 있고 조금 떨어진 곳에 장작더미가 보이고 불이 타는 주위에는 드문드문 사람이 서 있다.

화장터는 우리들이 산에 가서 캠핑 불을 피우는 것과 비슷하나 지역 일대가 탄광촌 같이 검은 땅으로 변해있다. 이곳저곳에 불을 피웠던 자국이다.

죽은 시신이 천으로 덥여진 체 들것에 실어와 모닥불 위에 놓인다. 우리나라의 큰 스님의 다비식과 비교 하면 아주 초라하다는 기분이 든다. 마지막 가는 모습도 각자의 형편에 따라서 다른 모양 이다.

이곳에서도 재력가는 관으로 모시고 다비식 같이 한다고 말한다.

모두들 허무하게 보이며 죽음으로 가는 예식이 초라한 기분이다.

물론 여기도 기름으로 불을 붙이는 화장장 운영이 있다. 값도 저렴한데 나무로 태우는 것을 더 선호한다고 말한다. 관습은 참으로 바꾸기 어려운 것이다.

힌두교인 들이 죽음을 이곳에서 맞이하기 위해 그 절차에 따른다면 확고한 신앙관일까?

숨을 거두면 과거의 업을 모두 소진되고 온갖 번뇌로 가득한 이 세상을 떠나 다시 태어나지 않기를 바란다고 한다.

길가에는 노숙을 하며 구걸하는 자가 많이 있다 .뼈가 앙상한 그들을 본다.

지폐 한 장을 보시했다. 아무런 반응이 없다.

그들도 돈을 받으면 먼저 죽은 자의 화장터 땔감 보시를 한다고 말한다. 무표정에 나도 할 말을 잊는다.

본시 행복은 크기나 모양이 일정하지 않아 받아드리는 마음에서 결정된다고 한다. 그들의 마음은 윤회의 사슬을 끊고 어떤 조건에도 억매이지 않은 절대적인 평온일까? 보시도 상대방을 위해서 받아 주는 보시일까?

무표정한 그들을 바라보는 나의 마음은 언제 저들처럼 바꿀 수 있을까? 지혜로운 사람은 감정을 드러내지 않는다는 말에 머리를 숙일 뿐이다.

바라나시 여행은 많은 것을 배웠다.

피라미드 유감

나는 피라미드를 보기위해 이집트를 여행했다.

인류 역사상 인간이 만드는 구축물로써 가장 많은 땀과 눈물을 흘린 것으로 생각 된다. 피라미드는 왕과 왕비의 무덤이다. 그 당시 집권한 이집트 왕이 죽은 후에 영원이 사는 숙소이다. 현실의 삶 보다는 죽음이후를 더 중요시 했었다. 그 묘를 위해서 온 백성이 이 거대한 축조물 공사에 동원되어 일을 해야 했다. 왜 그렇게 거대하게 만든 진짜 이유는 알 수 없다. 왕의 권위 때문인지 혹은 거대할수록 하나님과 가깝다고 생각했는지 모르겠다. 그들의 삶 전체가 피라미드 공사였다. 왕은 곧 그들의 신이였다. 3개 피라미드가 한곳에 있다. 카이로에서 자동차로 한 시간 이내의 거리에 있는 기자지역이다.

피라미드는 나의 상상을 훨씬 뛰어 넘었다 거대한 바위 덩어리 산이다.

제일 큰 쿠푸왕의 피라미드는 보통 2.5톤의 석회암 바위 덩어리를 270만개를 구축하여 만들어진 것이다.

작은 산처럼 보이는 이 하나의 피라미드는 하루 10만 명이 일을 해서 20년 동안 돌을 쌓아 만들었다. 인간들의 애환과 노동력의 결집된 상징물이다. 부상자나 사상자는 몇 명이나 될까? 아무런 기록이 없다. 이집트 사람 몸집도 그리 크지도 않고 작은 손인데 어떻게 그런 일을 했을까? 놀라운 일이다. 오늘날의 차량이나 장비를 생각한다면 이해가 안 간다. 왕의 절대 권력 앞에 순종으로만 생각이 안 된다. 20년 동안이면 반란도 있을 수 있다. 그것 보다는 왕이 죽은 뒤 백성들의 사후도 지켜줄 것으로 믿는 기록도 있다.

채석장이 얼마나 먼 거리에 위치했는지 모른다.

바위산을 쪼개 내렸는지 혹은 땅 밑의 바위를 파서 올렸는지 당시 도구라면 지렛대 정도 이였을 것이다.

그 거리를 이동시키는 운반조의 지혜도 알 길이 없다 그 당시는 수레가 없음으로 통나무를 이용하여 계속 전진하며 이용했을 것으로 상상만 한다.

바퀴달린 수레정도는 인류 10세기 이후에 사용 되였다는 기록이다.

석공들은 돌을 사각으로만 다듬는 것뿐만 아니라 요철을 하여 한쪽은 오목함과 다른 쪽은 불록 함을 끼어 맞춤으로써 한 층 더 견고히 쌓았다.

10만 명이 일정지역에서 주거지, 음료수, 식사, 배설물, 등은 어떻게 처리 되었을까? 상상이 어렵다. 이 거대한 역사 중에 사상자는 보고되는 것이 하나도 없다.

정 사각형으로 일면의 길이가 230미터 되는 사각추형의 구축물로 높이는 147미터나 되는 불가사의한 작품이다. 100미터의 학교 운동장을 생각하면 크기가 짐작된다.

4500년 전에 오직 인간이 손과 발로 만든 작품이다.

두 번째 그의 아들 카프레 왕의 피라미드는 거의 같은 규모이다. 높이만 140미터이다 카프레 피라미드 옆에는 스핑크스가 보인다. 스핑크스는 이 피라미드를 지키는 수호신 이라한다.

길이 70미터 높이 20미터 폭 4미터의 카프레 자신의 얼굴인 사람의 얼굴과 사자의 몸으로 만들어 졌다.

수호신 이라는 스핑크스는 자신의 코가 부러져도 꼼짝 못하고 있다. 새 한 마리 쫓아버리지 못하는 돌로 만든 수호신이 어찌 왕의 무덤을 지킬 수 있을까? 동서양을 막론하고 어리석은 왕들의 생각에 쓴 웃음이 나온다. 노예와 같은 백성이 불쌍할 뿐이다.

세 번째 그 손자 멘카우레 왕의 피라미드는 50만 톤의 돌에 65미터의 높이다. 이것은 꼭 암탉 옆에 병아리 같다. 대형 피라미드 옆에 있어 더 작게 보인다.

공사 중에 재정난으로 축소되었다고 한다. 멘카우레 왕은 어떤 기분 이였을까? 3대에 걸쳐 피라미드 공사로 모든 것이 탕진되어버린 것이다. 재정이 바닥났다 한다. 그 당시의 빈곤하고 밑바닥 같은 암울한 생활을 상상할 수 있다.

멘카우레 피라미드는 실내 관광이 허용 되어 들어가 보았다.

약 1,5미터 폭의 통로에 사다리 혹은 계단으로 연결되며 약 20미터정도를 나려갔다 올라왔다는 느낌이다. 질서도 없고 통제도 없다. 후진국의 생활습관이 여전하다.

입구에서 대기하다가 순번이 되면 차례대로 들어갔다 나왔다. 내부를 보았다는 자부심이 든다. 방 내부는 10평정도의 면적이다. 석관실인 침실 그리고 응접실 기타 다용도실 같은 3개의 구조로 구분 되어 있다. 천정 높이는 2,5미터 정도다. 많은 관광객이 좁은 통로를 통하여 오르고 내리며 참여 함 으로 약 5분정도 걸렸다. 질서를 잘 지키는 것은 여행을 많이 다닌 사람의 기본 예의다.

삼 세대에 걸쳐 계속 축성 되었다니 그 당시의 생활상으로 생각한다면 온 국민은 얼마나 힘들고 고된 일 이였을까? 석 달씩 교대근무도 하고 연구에 의하면 충분한 보수도 지불 했을 것 이라고 추측 기사도 읽었다.

토인비의 세계사에는 이런 글이 있다.

"기념비적 무덤 속에 매장됨으로써 불멸성이 성취될 수 있다는 신앙은 거대한 석조 건물양식을 발명케 했다."

현실이 풍족하고 넉넉하니 사후를 생각했을까?

죽음이후 육체를 미라로 만들면 정신 일부가 같이 기거하여 영생한다고 믿었다는 신앙이다. 그 무덤이 바로 그 피라미드다. 그것을 위해 전 국민은 자의든 타의든 그 역사에 동참해야 했다.

그러나 아이러니컬하게 피라미드 주변은 많은 실망을 준다. 세계 여러 곳의 관광지를 다녔지만 이곳처럼 쓸쓸한 곳은 처음이다. 너무나 방치한 기분이다 피라미드야 바람과 비에 그리고 햇빛에 의해 어찌할 수 없다고 하지만 주변을 잘 정돈하면 국가적 유산으로 얼마든지 활용할 수 있을 것으로 생각된다.

막상 이곳에 처음 도착했을 때는 을씨년스럽다. 잡상인들이 기념품을 파는데 시골장터 같다. 관광객을 따라다니며 팔고 싶어 하는 분위기 다른 곳에서도 흔히 볼 수 있는 환경이다. 약 5마리의 낙타들이 있다. 돈을 받고 사진을 찍기 위한 것이다. 낙타를 몰고 다닌 이는 사진을 같이 찍자고 재촉한다.

멘카우레 피라미드의 실내를 보았다 입구에 굴이 사다리 혹은 계단으로 연결되면서 내부까지 가서 구경했다. 통제되며 질서도 잡고 내부 설명도 간단히 하고 그렇게 하고서 입장료를 받았으면 국가경제에도 큰 도움이 되지 않을까 ?

방치되어있는 것이 아깝다.

그리스에 있는 신전을 구경했다. 그곳도 허허벌판에 허물어지는 기둥이다 역사적으로 설명하면서 그 설명자는 자격고시시험에 합격자만 할 수 있다한다 상당한 입장료에 설명자의 수고비가 포함되어 있다. 훨씬 오래전의 유물이 방치된 상태에서 유감스럽다. 오래전 일이 생각난다. 로마 바티칸 궁전 관광객 수입이 디즈니랜드 수입과 얼마나 상이한가 생각한 적이 있었다. 요는 바티칸 궁전 수입이 적은 액수가 아니라는 것이다.

정글에서는 사자가 왕이요 여기는 오직 왕권만이 절대 권력자 인가?

찬란한 역사의 유적은 시간이 지나도 남는다. 그러나 그런 유적을 남기기 위해 피땀을 흘렸던 힘없는 백성들의 자존심이나 존엄성은 어디에도 없다. 오직 순종만 있다 매년 홍수로 흙덩어리가 흘러와 묻어 버리는 농지와 목초지를 보호하기 위한 재방 또는 수로시설 이였다. 그 당시의 근면성이나 사회성은 선진국 이였다.

더구나 기하학의 발달로 우기의 범람을 이겨 내는 일등 국민이였다.

후손들은 미루어 생각해본다.

이러한 기술과 노동력과 재정을 국가산업에 투자하였다면 현제의 세계 힘의 균형은 어떻게 진행 되였을까?

파라오 왕조를 역사가들은 어떻게 기록했을까?

그러나 유감스럽게도 피라미드는 대답이 없다.

눈물

손녀 린지의 고등학교 졸업식 이었다. 실내 체육관에서 거행 되였다. 북쪽 단상에는 학교장을 비롯하여 관계자들이 참석했다. 동서 좌우 끝에는 농구대가 설치되어있는 농구코트다. 중앙 한 가운데 졸업생 및 가족들이 간이 의자에 앉았다. 그리고 남쪽 스탠드에는 축하객들이 자리를 잡았다. 싱그러운 신록의 계절 5월이다. 그러나 엘리뇨 현상이라며 화시 90도를 오르내리는 무더운 날씨다.

오후 5시에 시작한 졸업식은 끝이 났다. 하루의 최고 기온을 오후 5시로 치는 켈리포니아 에서는 졸업식 때마다 더운 날씨에 땀을 낸다. 졸업식이 혹서 와 혹한에 거행되는 데는 특별한 뜻이 숨어 있을 것이다.

단출한 30여명의 졸업생이 웅성거린다. 아카데미라고 불리는 소수의 정예 사립 고등학교이다. 모두가 긍지를 갖고 학교를 다녔다. 결국 함성이 터지고 무리가 되어 부둥켜안고 또는 두 주먹을 불끈 쥐고 환호를 한다. 여학생들은 서로 껴안고서 지구가 정지되는 것 같이 요지부동이다.

아수라장처럼 보이나 질서가 있다. 섬광처럼 번득이는 생기가 있고 젊음의 환희가 가득한 장면이다. 고등학교 3년 과정이 녹아내리는 장면이다.

방청석 에서도 그들의 부모 친구 친지들이 환호성으로 동참한다.

반시간 가량 어수선 한 분위기가 지났다.

린지가 눈물에 젖은 체 가족에게 찾아와서 웃어 보인다. 손에는 졸업장과 상장을 쥐고 그리고 꽃다발을 한 아름 안았다.

나는 손녀의 손을 꽉 잡으며 그래 수고 했다 장하다 잘 했다 말하려고 하나 목이 막히며 모기 소리같이 가늘게나온다. 잡은 손을 놓기가 싫었다.

만감이 교체한다. 나의 혈육이 이곳 토양에 단단히 뿌리를 내리는 것을 본다.

벌써 졸업이라니 대견한 모습이다. 나의 가슴에 있는 큰 돌맹이가 스르르 굴러 내려 느낌이다.

조국의 땅을 떠나오면서 대부분 어금니를 악물고 그래 후손들은 대접받고 당당하게 사람답게 살리자는 다짐이었다. 부, 명예, 출세하라는 세속적인 것이 아니다. 즐겁고 의롭고 평화스럽고 능동적인 주인으로 살라는 것이다. 무쇠보다 더 단단한 마음의 약속이 다시 오버랩되어 찡하게 울린다.

시계는 뒤로 돌아간다.

그래 내가 고등학교를 졸업하든 그날은 몹시도 추운 날 2월이였다. 700여명의 졸업생이 추운날씨에 발을 동동 굴리며 허허 벌판 같은 운동장에서 서있는 생각만 난다. 열악한 환경에서 귀를 째는 추운 바람이 불어도 그대로 서 있었다. 어름덩이 같은 맨땅위에서 우리도 같이 얼어가고 있는 느낌 이였다.

축하객은 없고 후배 학생들이 같이 떨고 서있다. 졸업식은 염두에도 없고 식이 끝나면 3월에 대학시험 준비를 하는 귀중한 시간 그때였다. 친구들과 석별의 정을 나눌 마음의 여유도 없었다. 휴전이후 초창기의 혼란스러운 시대가 바로 어제 같이 생각되는데 반세기가 훌쩍 지나갔다. 그런데 손녀 린지가 미국에서 출생하여 이곳에서 첫 졸업생이며 성년이 되었다. 오늘 우리가문에서는 역사 한 페이지가 넘어간다.

린지의 눈이 이별이 서러워 빨갛게 부어있다. 졸업이라는 끝맺음과 또 대학이라는 문이 있는 출발점인 것이다.

그래 마음대로 울어라 그 눈물도 때와 장소가 있고 그리고 격에 맞아야 한다. 세상은 마음대로 울고 살기를 허용하지 않는다. 너도 이제 성년이니 책임은 너에게 있고 여러 가지 책임은 무거울 것이다.

네 마음이 언제나 거북이 등처럼 견고하여 어떤 괴로움이나 어려움에도 굳건하게 대항 할 수 있을까? 노파심이 든다. 그래 훨훨 마음껏 세상을 나르라 하면서 속으로는 잡아당기는 것이 피붙이 인가 보다. 이별은 하나의 원칙이며 에누리가 없는 인생의 철칙이다. 미국도 좁아서 지구를 반 토막으로 잘라 한 친구는 남반구 호주의 학교로 가고 너는 북반구 미국의 동북쪽으로 가니 어찌 섭섭하지 않겠느냐? 인생은 이별이라는 슬픔의 고행도 삶의 한 과정이란다.

독수리는 새끼가 날갯짓만 하면 어미가 둥지를 흔들며 쪼이면서 내 보낸다. 어느 곳에 먹을 것이 있고 안식처가 어디인지 알 수 없다. 스스로 해결하라는 것 이다.

이제는 자립심으로 사는 길이 순탄하기만을 기다려서는 안 된다. 어떤 상황에도 극복해야하는 숙명이다.

숨 가쁘게 돌아가는 디지털 시대의 소용돌이는 전 광석 같이 반짝하는 사이에 지나간다. 너의 선택이나 판단이 정확했으면 한다. 그러나 어떤 일들은 시지프스의 신화 같이 힘들어 올려 놓아도 다시 내려오듯이 반복이 계속된다. 시간을 낭비할 여유가 없는 것이다. 왜냐하면 인생은 반복이 없으니 말이다.

그러나 너의 끈기와 치밀한 눈빛의 응집력과 입 다물고 말

안하는 인내력을 우리는 믿는다. 그러한 너의 성격에 너를 맡기며 망망대해로 보낸다.

울음에는 악어의 눈물 같은 거짓 울음도 있다. 사람을 잡아먹고 슬픔을 표시하는 기만의 눈물이라 한다. 그러나 사람들이 만들어낸 이야기이다. 먹이가 큰 것이면 삼킬 때 눈물샘이 터져 자연적으로 눈물이 나온다한다.

오래전 스페인 중부지역 도시 톨래도 박물관에서 유명한 성화를 보았다. 거장화가 엘 그레코의 그림 재목이 “베드로의 눈물” 이다. 아주 인상적이다. 지금도 머릿속에 남아 있다. 망토를 걸치고, 두 손은 합장하여 가슴에 있고 고개를 오른쪽으로 돌리며 무었을 응시하는 눈빛 광대뼈가 유난히 뛰어나와 쑥 들어간 눈빛 금방 눈물이 나는 느낌이다. 왕방울 같은 눈물이 떨어 졌는지 알 수 없다

그 눈물의 의미와 가치는 얼마나 될까?

그러나 옛날 우리들 어머니는 서러워 눈물이 나도 치마폭으로 눈을 가리고 훌쩍거리며 땅을 보았고 아버지는 울고 싶을 때 헛기침을 크게 하며 하늘을 보며 울음을 참았단다.

오늘 나의 첫 손녀 린지의 눈물이 자양분이 되고 성숙의 통로가 되기를 빈다.

탱고 춤 거리에서

나는 남미 알젠틴 수도 부에노스아이레스의 보-카 지역을 여행했다. 이곳 중심 지역은 카미니토 거리다. 탱고 춤과 미술가의 활동이 활발한 화랑의 길로 유명하다.

이곳은 처음 유럽 이민자 들이 정착하면서 애환이 서린 곳이다. 그들은 부두에서 일을 하고 정박한 배를 수리하고 페인트칠 하는 작업이다. 빈약한 환경에서 낮은 임금으로 일을 끝내고 지친 몸으로 집에 돌아오면 노래와 춤으로 자기의 고단한 삶을 달래는 것 이었다. 어쩌면 보통 이민자들도 똑 같은 길을 힘들게 따라가는 것이다.

내가 고국을 떠나 이민의 길이 시작될 때도 희망과 두려움 두 가지 뿐 이였다.

신천지로 가는 희망과 무엇을 어떻게 할 것인가 하는 두려움인 것이다.

이민초기에는 일을 선택하는 것이 아니고, 주어진 일에 최선을 다할 뿐이다. 일용직 혹은 고용직 따질 겨를이 없었다. 일할 수 있는 장소가 있다는 것이 초기 이민자에게는 만족 이였다.

주말에는 월요일부터 금요일까지 차례로 입었던 옷이 땀에 젖어 냄새가 시금털털하다. 청바지와 티 샤스를 세탁소에서 빨래를 했던 그런 일들이 이제는 낭만으로 생각된다. 세월이 40 여년이 지난 뒤 스페인 이민자의 그 거리를 관광한다.

세계적인 천제 바둑기사 9단 이 창호 씨의 말이 생각난다. 여가시간에는 집에서 딸과 바둑 놀이를 하면서 논다. 학교 친구나 추억이 없어 아쉽다 했다. 그리고 컴맹이다. 인터넷도 못해 마누라가 대행한다. 휴대폰도 전화만 받는다. 고 말했다. 바둑에서는 최고의 경지인데 다른 분야에서는 거의 낙제 점수인지 모른다. 언제나 우리의 삶에는 모두 만족이 없는 것이다.

나는 옛 생각에서 벗어나 현실의 여행길을 걷는다.

늦가을에 기승을 부린 햇볕이 한풀 꺾이었다. 한산했던 카미니도 거리에는 늦은 오후가 되니 여행객이 기웃거리며 걸어 다닌다. 시아스타 타임이 지났다. 길 양쪽으로 기념품상점, 음식점, 카페 등이 줄줄이 이어지는 거리다.

정열적인 탱고의 노래 소리가 여기저기서 흘러나온다. 무엇이 그리도 즐거운가, 노래하고 춤 추지 않고는 배겨내지 못하겠다는 듯 이 거리에는 여홍이 넘치고 있다.

보-카 지역은 인간의 느낌을 그대로 표현하는 거리이다. 노래, 탱고 춤 미술품 거리 그리고 미녀들과 사진 촬영 등이 범벅된 거리다. 지금은 밤 문화가 잘 형성 되어, 불야성 환락의 도시처럼 보인다.

인간의 본성이 잘 보이는 곳이다. 아름다운 모습, 탐미의 모습, 소크라테스 같이 근엄한 모습 혹은 동물성의 모습, 등등이 넘실대며 춤추는 곳이다.

바람결에 따라오는 향수냄새가 코를 헤벌어지게 한다.

검은 원피스를 입은 여성이 찢어진 바짓가랑이 사이로 하얀 속 다리를 내밀며 나에게 걸어온다.

사진을 같이 찍고 또한 능란한 춤 솜씨로 탱고를 추며 파트너가 되어주는 그들이다.

나는 엉거주춤 웃음으로 반기었다. 내가 물렁하게 보였나 보다. 아마 신은 밀가루 반죽을 비비다가 나를 출생하게 되었는지 모를 일이다. 내 오른 손을 잡아당긴다. 자기 어께위로 들어얹고 내 품에 쏙 들어오며 나의 턱 밑에서 고개를 들어 처다보며 카메라, 카메라 하며 연거푸 말한다.

내가 큰 키 (180) 이어서 다행이지 적은 키였다면 나를 업고 있었을 것이다. 그 녀는 큰 키에 날씬한 몸맵시다. 부리부리한 눈빛이 인상적이다. 입술의 미소가 나를 꽉 잡는다. 그의 모습이 머릿속에서 떠나지 않는다. 나는 본래 사람 보는 눈에는 항상 빵점 이었다. 한번 두 번 만나서는 기억을 못한다. 그런데 그녀는 달랐다. 그녀의 영상이 나의 뇌 속에서 뚜렷하게 남는다.

난감한 순간 이다. 나는 사진을 찍지 않는다. 여행 중에 사진기를 갖지 않은지가 5년째다. 그리고 아예 사진 촬영도 하지 안했다.

사진이란 과거 추억을 회상 시키는 데는 일등공신이다.

아름다운 추억 꼭 기억하고 싶은 것은 그것을 잊을 새라 카메라에 담는다. 그러나 회상하고 싶지 않을 때는 사진은 거추장스러운 존재가 된다. 버리려고 하면 측은하고 어떤 것은 괴로움이 파고든다.

꼭 필요한 것을 제외하고는 모두 불사라 버렸다. 그리고는 사진을 찍지 안했다.

한번은 이집트 카이로 가자지구에서 있었던 일이다.

피라미트가 3개 있고 스핑크스가 있는 곳이다. 유서도 깊고 인류의 역사가 시작되며 그 풍요롭고 화려했던 시절에 왕이 사후에 생활하도록 만들었던 묘지가 피라미트 이다. 날씨도 청명하니 좋았다. 일행이 권유를 한다. 정중히 거절을 했다. 더구나 낙타를 타고서 한 커트 하면 멋있는 작품일 것 같다. 약간 섭섭한 마음도 있으나 결국 안 찍었다.

이제는 과거를 연상되는 것이 싫었다.

변명 같지만 그런 나에게 사진을 찍자고 하니 어리둥절했다. 얼른 지갑에서 돈을 꺼내 쥐어주며 그녀의 자존심을 상하지 않도록 애를 썼다. 나는 사진 찍는 것을 싫어한다고 말했다.

엉거주춤 껴안은 상태에서 처다 본다. 표정이 굳어지고 침묵만 있다. 아 쉬워 하는 표정이다.

이제는 똑 바로 내 앞에 서더니 내 오른 손을 잡고 끈다. 끌리면서 따라갔다. 나는 남자인데 하면서 대담함도 있지만 두려움도 약간 느낀다. 옆에서는 탱고의 노래 소리가 계속 나고 있다. 나를 데리고 노래가 들리는 홀 안으로 간다. 나는 다행이 1시간의 자유 시간을 사용 중이다. CD 에서 나오는 노래다. 탱고 곡이다. 무대가 아니고 자그마한 홀이다 춤을 추자고 한다. 춤을 못 춘다고 말했다. 나의 무덤덤한 지난 세월에 아쉬움이 있다. 춤도 못 배우고 그냥 대충 살아온 삶이 이런 때 당황하며 옹색해진다.

걱정 말라고 말한다. 절름발이와 같이 춤을 추었다고 말을 한다. 내 귀에다 대고 원 투 쓰리 하면서 들리지 하고 묻는다. 그렇다고 대답하니 오케이 하면서 나를 바짝 껴안는다. 그 자리에 서서 제자리걸음만 하라한다 왼발 오른발을 바꾸면서 원 투 쓰리 투 투 쓰리 그녀가 시키는 대로 따라만 했다. 실내에는 다른 두 구룹이 있었다. 누군지 모르지만 외국인 이였다. 처음에는 앞과 뒤로 왔다 갔다 하더니 어느새 나를 잡았다 밀었다 내 머리 위로 손을 올리며 돌리고 있다. 나는 그녀의 움직이는 대로 따라만 갈 뿐이다. 음악은 그칠 줄을 모른다. 박자가 어떻고 리듬이 틀리고 말도 많은 것이 춤인데 그녀와 하나 되어 춤을 추며 구름을 타는 기분이다. 가장자리로 원을 그리며 돌고 있었다. 자유자재로 나를 리드하며 춤을 추었다. 내가 이렇게 춤을 잘 출수 있나하고 자신을 의심 했다. 꼭 예전부터 익숙하게 같이 추었던 기분이다. 우리는 서로가 서로에게 나그네다. 정신의 반은 본래 대로 있고 또 다른 반은 지금 이 순간에 애욕 적으로 서로 안고서 춤을 추고 있다. 하나 된 몸뚱이가 이 홀을 돌고 있다. 나그네들 끼리 사랑의 염원은 채워지지 않아 목마름에 그치는 것이다. 그러나 즐거웠고 재미있었다. 우리가 계속 돌고 있을 때 음악소리 속에 다른 소리가 섞여 들린다. 내 귀가 쫑긋했다. 내가 굳어 졌다. "오 선생님" 일행들이 나를 찾고 있었다. 그녀가 나를 잡은 채로 부르르 떤다. 내 몸이 굳어지니 느낌이 있는 것이다. 자유로운 한 시간은 그리 빨리도 지나갔을까? 잡았던 손들이 느슨해지면서 서로는 떨어진다. 입들은 벙어리가 되고 눈망울만 응시 한다. 한참 있다가 손을 흔들어 보였다. 탱고의 거리에서 성도 이름도 모르지만 영상은 떠나지 않는다.

"자연 그대로의 육체로 자연의 법칙에 따라 움직이는 것이 순수한 춤이다"

이사도라 던컨의 책에서 읽었다.

춤이나 노래는 인간에게 즐거움을 준다. 참으로 잊어지지 않은 시간 이였다. 행복은 그냥 얻는 것이 아니다. 서로가 정성과 힘을 합하여 만든 것이다.

그런 것들은 순간에 존재하고 순간에 느낀다. 우리에게 영원한 것이 어디 있는가?

조금 길고 그리고 짧은 것 일뿐, 어차피 인생은 순간들을 짜깁기 하며 살아가는데. .

손을 꽉 잡으면

년 말에는 평상시 보다 많은 사람을 다양하게 만난다. 한 해가 저물어 가며 서로 안부를 전하기 때문이다. 파티에서 나이드신 분을 만났다. 혼자서 거동이 불편하신 분이다. 얼굴은 깡마른편이고 눈이 쑥 들어가 있어도 아직은 동공이 힘 있게 보인다. 칼칼한 목소리로 묻는 말만 대답하고 입을 다물고 계신다. 손등의 주름은 오랜 세월의 흔적을 나타낸다. 모르긴 해도 아흔은 훨씬 넘어보였다. 식민지 시절에 일본군으로써 징집 되여, 관동군에서 근무 중에 해방을 맞이했다고 말한다. 일본군인은 현장에서 러시아 벌목장으로 끌려가고 한국인 군인은 그 자리에서 자유인이 되여 귀향한 것이다. 5 천리 길을 도보로 혹은 가끔은 기차를 타고 석 달 만에 고향을 찾아왔다. 귀국여정은 인간의 한계를 뛰어 넘어 극한점 이였다 한다. 그래도 관동군은 다행이여서 길을 따라 고향을 찾았지만 그러나 남향군도로 간 사람은 바다를 못 건너서 흔적도 없이 많이 죽었다 한다, 운이 좋아 고국으로 돌아와서 오늘날까지 살았다 한다. 현제의 가정생활은 넉넉하게 보인다. 아들딸들도 이제는 모두 은퇴하였다 하니 지금은 손자 손녀들이 사회에서 중추적 역할을 한다고 말한다. 이야기를 들으니 성공하는 삶이였다. 한때는 세상 사람들이 다 좋아하는 부귀영화도 누렸다한다. 아들딸들 잘 성장하고 교육시키고 먹고 살만큼 재력도 있고 그리고 건강하게 모두가 오손 도손 행복한 가정생활 이였다 한다. 역경을 이긴 끈질긴 인내력이 그의 중심에 서 있는 것이다.

그런데 상항은 달라졌다. 아파트에서 반려자와 둘만이 오순도순 살다가 5년 전에 사별했다. 지금은 매일 혼자 지내야 한다. 자신의 몸도 가누기 힘이 든다. 그러면서 한숨을 쉰다. 아파트 생활이란 1주에 두 번씩 도우미가 와서 청소와 정리정돈 하는 것을 바라보는 일이다. 주말이면 손녀 혹은 손자가 와서 가끔 외식하는 것이 큰 기쁨이라한다. 온 종일 TV와 씨름하며 방에서 가끔 왔다 갔다 걸어 다니며 혹은, 어느 누가 전화하나? 기다리는 것이 삶의 전부 라고 말한다.

그러나 세월은 쉼표 없이 흐르고, 큰 딸이 석 달 전에 다녀가며 아빠 나도 이제 늙었어, 라고 말 하며 찾아뵙기 힘이 든다는 뜻을 전했다. 이 분이 대답 할 수 있는 것은 무엇일까? 그래 알았다. 긍정적으로 짧은 대답이 최선이라 한다. 모든 것을 듣기 좋게 만 말한다고 한다, 달관의 상태다. 더 이상 이세상과 인연을 나쁘게 만들고 싶지 않다고 말 한다. 밖으로 외출하여 해변이라도 구경하고 싶지 않느냐 물으면 눈으로 보는 즐거움도 이제는 없다고 한다. 참으로 텅 빈 마음이다.

단 하나 잘 못이 있다면 혼자서 너무 오래 산다 한다.

백세 세상이라 고 떠들지만 모든 것이 서로 어울려 있을 때 행복하지 혼자서는 쓸데없는 일 이여 하며 힘주어 말한다. 노년에는 육체는 나약해지고 정신은 어지러워지니 이모든 것들이 흩어진 상태다. 스스로 감수해야하는데 나이가 들수록 비례해서 어떤 때는 짜증이 난다고 말한다. 소위 옹 고집 인가? 그러나 스스로 다스려야한다.

어서 wife를 만나고 싶다며, 뜻 깊은 말을 하신다. 서로는 굳게 약속하였나 보다. 서로의 영혼이 감전 되어 숫 덩어리처럼 타 버렸으면 그들은 멋있는 종말일 것인데, 깊게 호흡을 한다. 느닷없이 축복과 저주는 하나라고 말 한다. 불교의 선문답 같은 말이다. 5년 전만해도 아내와 같이 살기 때문에 건강하게 오래오래 사세요, 하면 축복으로 들었는데, 지금 생각하니 저주 같은 것 이라고 말씀하신다. 부인이 없이 혼자 사는 삶이 과연 축복일까? 의문표를 던진다.

아내는 친구이며 여자다. 사랑을 받고 사랑을 하고 그 사랑의 대상만이 아니다. 동시에 삶의 동반자다. 그와 있으면 태산처럼 믿고, 든든하고, 그리고 편안했다 한다. 그러나 그가 떠난 자리는 너무 크고 황량하다. 한 가정의 절반이 없어진 것이 아니라 90프로가 없어진 것이다. 상대의 그림자만 보아도 방안이 훈훈했든 것이다. 지난날을 생각하면 때때로 서로가 자존심을 칼날같이 높이 세우고 목청이 높으며 얼굴을 붉혔어도 그것은 행복한 다툼 이였다는 것이다. 그런데 누가 이 큰 구멍을 매울 수 있을까? 또 고독을 혹은 외로움을 누가 해결 할 수 있나? 이별과 죽음을 서로 깨쳐가며 살았어야하는데 어느 날 졸지에 혼자서 감당해야 하는 것이다. 어느 누가 가장 아름답고 보람 있게 살다간 사람일까? 죽음의 문턱에서 가는 모습이 아름답다고 평온하다면 행복한 삶일 것이다. 비록 얼굴은 못 생겼어도 마음만은 예뻤다고 칭찬한다면 그 후광은 빛이 날것이다. 그것은 어렵고 생각과 실천은 너무 차이가 있기 때문 이다.

가끔 여객기 추락이라는 뉴스를 듣는다. 탑승객 전원 사망 불행한 뉴스다. 그러나 승객 중에 서로가 손을 꼭 잡은 은퇴한 한 쌍의 부부가 있었다면 그들에게 박수를 보내고 싶다.

2 GRANDPARENT'S DAY

"GRANDPARENT'S DAY"

조부모의 날

손녀 알린은 올해에 초등학교 입학을 했다. 학교에서 돌아와서 하는 말이 할아버지 할머니를 학교에서 오라고 한단다.

왜 오라고 하는지 물으니 모른다며 고개를 흔든다. 무슨 일로 오라 하는지 모르지만 나는 가겠다고 대답을 하니 며느리가 학교로 알아보기로 했다.

알린은 두 번째 손녀라, 첫 번째 손녀보다 사랑과 관심을 덜 쏟은 터라, 늘 미안 했었다. 그러기에 어찌 되었던 좋은 기회가 온 것이다. 조금 설레는 마음으로 학교 갈 날을 기다렸다.

이틀 뒤에 편지 한통을 받았다. 교장선생이 보낸 편지다. 내용은 이러했다.

그날은 "GRANDPARENT'S DAY" 라고 학교에서 정하였다고 한다. 조부모의 날이라, 처음으로 들어 보는 날이다. "조부모"란 낱말이 통통히 선명하게 보이는 것 같다. 미국은 과연 노인들 천국이라 하더니 그러한 느낌이다.

학교에 오셔서 후손들의 학교생활도 보고 격려도 하고 또한 학교 방문이 어린이들 정서적 발육에 큰 도움이 됨으로 가능한 참석하고 참가여부도 알려 달라했다.

참가 한다며 편지를 보냈다.

알린이 입학할 때에 가족사항에 조부모 칸이 있어 주소 와 성명을 기록했다고 말한다.

은퇴 후 삶이란 바싹 마른 나뭇잎 같이 무미건조 한데 속으로는 이런 일들이 자주 있으면 좋겠다고 생각했다. 강아지가 주인만 있으면 꼬리를 흔들 듯이 너희들과 같이 있는 그 자체가 즐거운 것이다.

예정일은 12월 5일 금요일이다. 아직 한 달 정도 여유가 있다. 매주 금요일은 친구 부부와 골프를 치는데 그날은 취소한다고 미리 알려주었다. 달력에다 크게 동그라미를 그렸다.

일주일 전에는 학교에서 성적표를 받았고 며느리가 보여주면서 만점이라며 모두들 기뻐했다. 그래 너도 언니를 닮아서 공부를 잘 하는 구나. 온 식구가 힘 든다 해도 콜라를 마시는 것 같이 시원하다. 생기발랄한 알린은 이방 저 방으로 뛰어다니며 논다.

언니 린지는 빈틈이 없어 대 만족이다. 너무 완벽하여 그 정도가 지나칠까 걱정을 한다. 그러나 며느리는 린지가 자만심을 갖지 않도록 신경을 많이 쓰고 있다.

기다리는 그날 금요일 아침이다. 6학년 린지는 수업이 없어 집에서 놀고 알린만 데리고 학교로 갔다. 학교 근방에 오니 3부락 떨어진 지점부터 많은 차들이 줄을 잇는다. 봉사자들이 신호로 갈 방향을 알려 준다 어떤 행사가 있을 때마다 이곳은 자원봉사자들이 일을 한다. 미국생활의 아름답고 특이한 모습이다. 처음 방문 이었지만 불편한 점이 하나도 없다. 지휘자가 오케스트라를 연주하듯 모든 차량이 안내자의 신호에 따라 일사 분란하게 움직인다. 사소한 일이지만 이런 것이 선진국 생활이다. 할머니와 알린을 체육관 정문에서 내려주고 앞 차를 따라 산으로 올라 넓은 공터에 주차하고 다른 사람을 따르며 체육관으로 왔다. 알린이 나에게 뛰어 오더니 손을 잡고 할머니 있는 곳으로 같이 갔다. 우리 자리는 중앙지점이다. 아직 한 시간정도 이른 시간인데 큰 홀의 절반정도가 차있다. 사람들은 계속 들어오고 있다. 알린은 손을 흔들며 자기 교실로 간다. 둥근 태이블에는 10개의 의자가 있다. 우리 태이블도 벌써 6명이나 앉았다. 약 500명 규모의 자리가 준비 되어있다. 계속 사람은 들어오고 있다. 체육관 정문은 북쪽이고 남쪽에는 큰 무대가 있다. 태이블에 이름표가 있어 아내와 나는 가슴에 부착하고 앉았다. 옆 사람과 인사를 했다. 쟌 이라 한다. 나보다 더 늙어 보이며 선한 인상이다. 나는 처음 방문이라 말했는데 그는 여러 번 왔다한다. 역시 유럽계통의 사람이다. 그 사람의 행동이나 옷차림은 보통 사람으로 보인다. 이 사립학교는 상당히 신경을 써서 입학을 했고 나는 뿌듯한 자부심으로 왔는데 쟌은 여러 번 왔다하니 뒤통수를 맞는 기분이다.

고국을 떠나 이민의 첫 목적이 자식교육이라 모두들 이구동성으로 말 한다. 막상 와서 보면 현실의 생활과는 거리가 있다. 내가 고생하여도 너희들만은 잘 되기를 다짐 햇것만 어찌 그리 쉬운 일이냐? 어떠한 고생도 그것은 문제가 아니다. 고생한다고 해서 경제적 여건이 해결되는 것이 아니다. 그러나 한 걸음씩 쌓으며 올라간다. 점프가 허용되지 않은 미국사회다.

그러나 알린 아빠가 두 딸들을 사립학교로 보낸다고 말 하였을 때 잘한다고 격려하면서도 나는 미안한 마음을 갖았고 또한 오늘 이 행사에 오면서도 무척이나 의기양양하게 왔다. 그러나 쟌에게 비교하면 초라한 기분이다. 초기 이민생활 이라고 속으로 말 하면서 자위를 할뿐이다.

이 학교는 역사가 깊은 사립학교다. 며느리가 여기저기를 알아보고 주선하여 입학이 허용되었다. 언니 린지가 담당자와 인터뷰 할 때 너는 왜 이 학교를 좋아하느냐고 물었다.

공립학교는 점심시간에 각자가 기도를 하는데 안하는 학생도 많고 자기 혼자만 하는 것 같아서 쑥스럽고 성스럽지 못해 이 학교를 다니고 싶다고 대답했다. 꾸밈도 없고 티 없는 순진한 어린이 마음이다. 성적표도 상위권이기 때문에 그 자리에서 결정되었다 한다. 둘째 알린은 언니가 학생이면 자동적으로 입학하는 교육 시스탬이다.

나는 두 손녀가 이 학교를 다닌 것에 대해서 이민의 목적 일단계라도 성공 하는 기분이다.

중앙 무대에서 안내 자막이 나온다.

참석한 것을 환영한다는 인사와 입구에 음료수와 케이크가 있으니 각자 셀프 서비스 하라는 내용이다. 나는 케이크와 물병 2개를 갖고 와서 앉았다.

이 학교는 인성을 중요시 하며 교육시킨다 한다. 학교건물은 모두 단층으로 이곳저곳에 있으며 고풍스런 전통을 느낀다. 현제 교육 수준 평가에 있어서는 상위권에 있는 학교다.

사회자가 나오더니 안내방송을 한다.

여러분 중에 켈리포니아가 아닌 타주에서 오신 분은 손들라 한다. 약 20여명이 든다.

다음 미국이 아닌 타국에서 오신 분 5명이 손을 든다.

나는 가슴을 바늘로 꼭 찌른 느낌이다. 만일 오늘 이 날을 보통으로 생각하고 친구와 골프를 치던지 혹은 어떤 약속으로 이 자리에 참석을 못했다면 멀리 타국에서 오는 조부모와 비교할 때 나는 무슨 말을 할 수 있을까? 같이 어울려 그들과 함께 있어만 주는 것을 못 했다면 알린은 어떤 생각 이였을까? 이민 목적의 제일순위가 자녀 교육이었다면 좀 더 깊이 알아야했는데 수박 겉핥기식이다. 이민 목적을 곱씹어 볼일이다.

행사가 시작된다.

우리가 초등학교 때 하였던 학예회와 비슷한 무대가 열린다.

각반별로 약 20명의 학생구릅이 반별로 노래를 부른다. 알린도 첫줄에서 당당히 부르고 나간다. 한 시간의 공연이 끝나고 알린의 단임 선생이 찾아와서 교내 약도를 주며 교실로 찾아오라한다. 2교시에서는 학과공부다. 5명씩 4 그룹으로 나누었다. 각 그룹별로 조용히 책을 읽고 서로 토론하라한다. 선생은 여기저기를 번갈라 왔다 갔다 하며 질문에 답하고 한다. 자율학습이다. 학생들이 자기주장도 하고 듣기도 한다. 모두들 자기 손자 옆에 앉아서 보고 있다. 알린에게 너는 알겠느냐고 물으니 지난번에 배운 것 복습한다고 말한다.

3교시에는 그림을 그린다. 선생은 흑판에 5개의 그림을 붙인다. 마음에 드는 것을 골라 그리라 한다. 30분이 지나니 지난 시간에 그린 자기 그림을 찾아와서 비교시킨다. 발전이 있는 학생을 격려한다. 옆에 친구와 비교를 시키지 않고 자기 것을 비교 시킨다. 참으로 놀라운 교육방법이다. 옆 사람과 경쟁의식이 아니라. 자기발전을 느끼게 하는 것이다. 선생은 일부러 우리 앞에 찾아와서 참석을 환영한다는 말을 한다. 짧은 4시간의 학교 견학 이였지만 많은 것을 느꼈다. 조부모가 없는 학생도 있으나 같이 잘도 논다.

설문 조사라며 봉투를 하나씩 준다. 건의 사항이나 혹은 시정사항을 적어서 보내라 한다. 끝에는 도네이션을 해도 좋다고 적혀 있다.

돌아오는 길에 알린의 손을 슬그머니 잡았다. 손에 점점 힘이 간다. 앞으로 손녀에게 더 많은 관심을 쏟겠다는 표시다. 오늘 학교생활 제미 있었니? 내가 물었다.

눈을 둥글게 뜨고 고개를 끄덕인다. 할아버지, 할머니와 함께 해서 기뻤다는 마음이 얼굴에 분홍빛으로 나타난다. 알린이 내 손을 주물락 주물락 한다.

나는 유리창 너머로 LA 하늘을 바라본다. 내 자손들의 꿈이 힘차게 뻗어나갈 넓은 하늘이다.

나의 얼굴에 은근한 미소가 번지고 있다.

예수님의 동상

세계 삼대 미항의 하나라는 브라질의 리오대자내르 항구이다. 바다와 도시는 찰떡궁합인지 역시 아름답다. 이곳저곳에서 산봉우리가 바다에서 올라와 물속에 잠겨 있는 모습이 더욱 장관 이다. 어느 것은 서있는 달걀모양으로 타 원형 인데 빵 산이라 불린다.

나는 해발 800 미터나 되는 코코바도 산에 올라와 천하를 보듬듯 거대 도시를 내려다본다. 참으로 아름다운 광경이다. 바다와 섬들의 조화, 은빛 나부끼는 바다물결, 쭉 늘어진 백사장, 총총히 서 있는 고층 건물, 한국의 산과는 다르고 열대지역의 특이한 기온 때문에 물기가 마르지 않은 싱싱한 모습이다.

나는 이 산의 정상에서 예수님 동상을 마주한다.

7대 불가사의의 하나라는 인간의 작품이다.

산봉우리에 40미터의 크기로 돌로 세워져 있다.

많은 관광객이 예수님의 주위를 돌며 고개를 들어 높이 쳐다본다. 조금 멀리 떨어져서 사진을 찍고, 두 손을 모아 기도도 한다.

나도 옆에서 바라보니 웅대한 조각상에 마음이 숙연해진다.

두 팔을 십자가처럼 펴고 있으니 우리를 안으려는 표현 같다. 어서 내 품으로 들어오라고 하는 말소리가 들리는 것만 같다. 천상의 화음과 언제나 정리가 될까? 내 마음을 찌르는 느낌이다.

예수님은 도시 속의 풍경을 내려 다 보시며 슬픔과 기쁨, 허위와 진실, 빛과 어둠, 등 매사를 이분법적으로 나누며 사는 인간들에게 훈계를 하고 싶은 것일까? 한 치 앞만 보고 우굴 거리는 지상세계를 휩 쓸어버리고 싶지는 않을까? 온갖 생각에 내 머리가 어지럽다. 많은 관광객이 저마다 자기의 간구들을 들어 달라고 할 터인데 그것을 수용하느라 예수님의 가슴이 터질 것으로 생각된다. 그 많은 소원들을 모두 듣고 답하면 얼마나 바쁘실까?

그러나 사람이 자기의 힘으로는 도저히 해결할 수도 없고 거의 포기하면서 자기도 모르는 사이에 하늘을 향하고 절실하게 갈구하는 기도도 있을 것이요, 혹은 자기를 버리고 타인을 위해 헌신하는 기도도 있을 것이다. 불구로 태어난 자식을 바라보며 어머니의 간절한 소망은 오직 자식만을 위한 순수한 기도가 될 것이다. 나뭇잎 하나 떨어져도 세상의 기운이 이동한다는데 그 응답의 파장은 어떤 웨이브를 나타내며 대서양의 파도가 되었는지 알 수 없다.

그러나 나는 묵언으로 기도하고 싶다. 차라리 내가 나에게 말하고 싶다.

용서를 받기 위해 용서를 했는가? 한 번 더 참으며 인내심을 보여주었는가?

마음을 정리하며 바라는 것들을 하나씩 주려보자 잡초를 뽑듯 욕심을 뽑아내야겠다.

멀고 가까운 각 곳에서 수많은 사람들이 와 있다. 나도 고향으로 치면 지구를 반 바퀴 돌고 왔다. 이곳이 밤이면 고향은 낮이다 또한 겨울이면 여름이다.

이렇게 상반된 상황에서도 코코바도의 예수 상을 보기위해 먼 길을 왔다. 이 모든 사람들이 저마다 기도의 응답을 받아 남은 인생을 지혜의 지팡이로 삼아 잘 살기를 바랄 것이다.

만 명이면 만 가지 소원이 있다. 만 가지 일들이 복잡하게 엉키며 사는 우리들이 해발 800 미터 상공의 고도에서 마음이 다듬어 지고 정리되기를 바라는 것은 넌 센스다. 해야 할 어떤 일은 성심을 다하여 처리 할 줄도 알지만 또한 매사에 쉽게 염증도 내고 권태를 느끼는 것이 오늘날 현대인의 모습이다.

나 역시 잡다한 생각 때문에 갑자기 머리가 무거워 진다. 무거운 것 다 비우고 내려가자.

잠자리는 날개가 가볍다. 생활 전체가 나르는 시간이기 때문이다.

무거우면 힘이 드니 다이어트 조절은 필수이다. 많이 먹으면 무게 때문에 나는데 힘이 든다. 적게 먹으면 영양실조다. 나르는 새도 마찬가지다. 어떻게 적정량을 조절할까? 인간보다 더 이상의 지능으로 생각된다.

우리에게도 지켜야할 정도가 있다.

이곳에서 예수를 만나 좀 더 가까이서 속삭이고 싶은 것은 인간의 나약한 때문이 아닌가.

나만이라도 편안하고 간편한 대화를 하고 싶다.

나는 시시콜콜한 이야기로 웃었으면 합니다.

커피 마셨어요? 브라질 커피는 맛있다는 소문입니다.

그냥 마셔 보세요, 아름다운 항구도 보시며 시원한 바다 바람도 느끼고 브렉 타임도 즐겨보세요, 내 기도는?

있지요 아주 간단해요 나 혼자서 해야 되요, 그런데 어려워요, 그냥 예수님만 바라보며 사는 것인데.

- 2013 9월

여명의 호렙산

호렙산은 성경에 자주 등장한다. 또 다른 이름으로는 시내산이라고도 부르며 나는 호렙산 이름을 더 좋아한다. 모세가 여호와로부터 십계명을 받은 곳이다.

꼭 한번 가 보고 싶었다. 가서 어떤 기적을 바라는 것 보다는 무엇을 보고 어떤 느낌일까? 신앙인 이라면 누구나 좀 더 올바르고 깊은 신앙심을 바라는 마음일 것이다.

꿈을 버리지 않으면 소망이 이루어진다더니 드디어 2012년 가을 나는 그곳에 가게 되었다. 세계 각처에서 모여든 관광객은 산 정상에서 일출을 보는 것을 큰 보람으로 이곳을 찾는다. 우리 일행은 에집트 카이로에 도착했다. 에집트 관광이 끝난 후에 출 에굽기의 길을 따라 3일 후에 시내산 인근에 도착했다. 다음날 숙소에서 새벽 2시부터 버스를 타고 산 밑에 이동하여 검사 건물로 들어갔다. 이 지역은 유서 깊고 유명한 SAINT CATHERINE'MONAST 수도원이 있는 곳이다. 하나님은 떨기나무 불꽃 가운데 서서 모세를 부른 곳이다. 안내자는 우리를 검열대로 통과시킨다. 비행기 타기위해 검사받는 것과 똑 같은 것이다 이 바위산에 폭탄이 폭파한들 무슨 영향이 있다고 이렇게 검사를 철저히 하는지 이해가 잘 안 된다. 우리들은 아직 잠에서 다 깨지도 않은 새벽 시간에이다. 9-11 위력은 대단해서 이곳에서도 영향을 끼치었다.

산을 오르기 위해 낙타를 탔다.

낙타는 이곳에서 유일한 교통수단이다.

산을 오르고 내리며 단순 반복 운동을 기계처럼 계속 한다.

무표정하다. 앉으라면 앉고 걸으라면 걸어간다.

복종과 순응만이 그의 본성일까? 반항이나 거절은 태초부터 모르는 숙명을 타고났나? 이곳은 사막지역이라 큰 나무는 없다. 우리 키 정도의 잡풀 나무다. 낙타만한 바위 덩어리가 여기저기 산재해 있다. 달빛 아래서 낙타인지 바위인지 구별이 어렵다. 낙타는 앉으라면 그대로 앉아있다.

낙타를 몰고 다닌 유목민은 배드윈 족이다.

그들의 생활은 문명의 사회와 거리가 멀다.

체구가 왜소하여 우리들의 평균치 보다 작게 보인다. 얼굴이 태양에 그슬려 온통 잿빛으로만 보인다. 낙타와 함께 바위 옆에 가만히 앉아 있으면 침묵에 잠긴 바위 같이 보인다.

그들은 산을 오르는 여행객들에게 낙타를 빌려주고 돈을 받는다. 오랜 생활 방식이다. 배드윈 족이 없었으면 그 높은 산을 오늘 수 있었을까? 참 고마움을 느꼈다.

아라비아 대상들이 사막에서 낙타를 타거나 혹은 걸어가는 모습을 그림이나 사진에서 많이 보았다. 낭만적이고 아름다운 풍경들 이였다. 동경도하고 타고도 싶었다.

그런 것들이 실루엣처럼 간직하고만 있을 줄 알았는데 꿈은 현실로 되어 드디어 낙타를 타고 산을 올랐다. 일행 중 젊은이들은 걸어서 오르고 내린다. 순진 하고 안이한 느낌은 예상에서 벗어났다. 낙타 타는 것은 남녀가 다르다. 여자는 신체적 적응이 쉽고 남자는 낙타등 위에 앉은 그 자체가 힘들고 불편한 인체 구조라 한다.

말을 타는 것 같이 양다리를 벌리고서 낙타등위에 앉은 것은 참으로 고통스럽다. 산등성을 오르며 타고 가는데 심한 고통을 느꼈다. 도중에 포기 할 수도 없고 군대 훈련같이 참아야 했다.

한 시간 정도 낙타를 타고 정상지점에 내리니 양쪽 허벅지가 굳어 움직일 수가 없다. 한참동안 손으로 주물러 겨우 회복 시켰다. 그러나 아직도 산 정상까지는 100미터 정도를 더 가야한다. 이곳은 간이 휴게소이며 편이점이 있다. 나는 눈동자가 커지며 놀란 일을 발견했다. 한글로 된 광고문이다 "라면 5 $입니다"라는 문구다. 이곳에 한글 까지 보급된 것을 보고 우리나라의 국력을 실감하게 되었다. 컵 라면에 뜨거운 물을 타서 서브한다고 말한다.

숨을 헐떡거리며 기어이 산을 올라 정상을 밟았다.

백두산 보다는 낮아도, 2300미터나 되는 높은 산이다.

산을 오르면 정상까지 밟는다. 꼭지 점을 밟은 의미는? 정복욕일까? 성취욕 일까? 사방을 내려다보며 호령하고 싶은 것일까? 밟고 나니 흐뭇한 감정을 느끼며 뿌듯한 마음이다.

정상에서는 먼저 오른 여행객들이 여기저기 끼리끼리 모여서 목소리에 힘을 주어 흥분된 것 같이 이야기들을 한다.

가픈 호흡을 진정 시키며 얼굴에는 밝은 표정들이다.

어둠을 점점 몰아내고 해가 떠오르는 동녘을 향하여 모두가 한 곳으로 눈길이 모아지고 있다. 그러나 아직 어둠이 깔려있다.

나도 우리 일행과 같이 앉으며 침묵 속에 긴 한숨을 쉰다.

아직 해는 떠오르지 안했다. 오늘은 한 300 명 정도의 인원이지만 어떤 때는 500명도 된다 한다. 우리 일행은 43명이고 각각 다른 나라에서 온 외국인이다.

지휘자도 없다. 감독자도 없다.

엄숙한 성소를 들어가는 것 같이 모두가 겸허한 분위기다.

날이 밝으려면 아직도 이르다. 그러나 미리 와서 기다리는 것이 통예다.

이 시간에는 이슬이 내려 대지를 촉촉이 적셔 모든 식물에 원동력이 되도록 활기를 불어 넣은 시간이다.

그러나 이곳은 흙색 바위뿐이다. 이슬도 없어 나무하나 없고 풀 한포기 없다.

생명체가 존재하기가 어렵다. 사방을 둘러보아도 잿빛 바위 산들 뿐이다. 조국의 푸른 강산은 얼마나 축복받은 곳인가?

억만년을 아무 말 없이 자기 자리를 지켜온 돌 산 전체가 잿빛 바위다.

엘리야가 사십 주야를 걸어와 여기 굴속에 숨었던 산이다.

이슬 대신 나무대신 말씀을 주신 곳이다.

모세는 이 산에서 십 개명을 여호와로부터 받은 곳이다.

영구 보존을 위해 돌 판에 새겨서 준 것이다.

성령의 산이요 성스러운 땅이다. 때문에 신을 벗으라 했다.

모두들 끼리끼리 모여서 기도하는 모습이 각각이다.

국가도 다르고 민족도 다르고 언어도 다르다. 그렇지만 기도하는 마음은 한 마음 일 것이다. 두 손을 높이 든 자도 있다. 낮은 목소리로 속삭속삭 대화 하는 무리도 있다. 마음속에 있는 깊은 뜻을 표현할 때 입술은 떨림이 있다. 나무가 옷을 벗고 추운 겨울을 지내는 것은. 오직 따뜻한 봄을 그리는 마음이 있기 때문이다.

딱딱한 바위만 존재한 이곳을 찾아 올라온 것은 옛날 선지자들의 숨결을 느끼고 싶은 내면의 마음 일까?

음성 듣는 것을 어찌 아무나 하나 상상으로나 마음속이라도 그 음성을 듣고 싶다. 그러면서 나를 정화시키는 것이다.

삶이 엉키고 온갖 허상의 꿈속 같은 곳에서 살았어도, 지금 여기 바위 꼭대기에서, 나를 맑게 씻어 있는 그대로의 내 모습을 보고 싶은 것이다.

성숙하지 못하더라도 최선을 다한 나의 삶을 고백 하고 싶은 것이다.

웅성대는 소리가 점점 커진다.

햇살이 점점 밝아오며 해가 나타날 순간이다.

모두가 흥분되고 들뜬 감정이다.

“와” 하며 환호 소리가 점점 커진다.

나도 그들과 더불어 “와”소리를 아주 크게 불렀다.

땅을 진동하듯 환호하는 소리가 메아리로 이 산을 덮는다.

산울림은 더욱 큰소리로 돌아온다.

모두가 괴롭고 외로움의 절규일까?‘

맑고 붉은 태양이 동쪽 산에서 서서히 오르며 대지를 밝힌다. 나는 서로 대면하며 당당히 섰다. 이 지구 땅에서 나 혼자의 존재를 보이고 싶다. 그러나 벌레들이 죽어서 매 말라 가듯이 나는 움츠려 드는 느낌이다. 당당히 위용을 부리며 올라왔는데 작은 점으로 되어간다. 태양이 평소와는 다른 느낌으로 더 커다란 원으로 떠오른다. 오늘의 태양은 내게 더 크고 웅장한 모습이다. 힘들고 어려웠으나 커다란 해를 바라본다. 호렙산 정상에서 해를 응시한다. 하늘과 땅 사이에 우리 둘만이 존재하는 것 같다 많은 기도 들이 사라졌다. 옆에서 고함 소리도 살아졌다. 오직 자기 정화다. 해결의 방법을 바라는 것이 아니고 극복의 길이다. 호렙 산에서 바라본 일출은 평생을 두고 잊지 못할 것이다. 나를 이곳에 설수 있게 하신 분에게 감사드린다.

- 2012년 10월

생강나무 꽃

카리브해 여행 중에 자메이카에서 생강나무 꽃을 보았다.

내 다리통만한 줄기가 하늘을 향하여 뻗어간다. 갓난아이의 손바닥 정도의 잎사귀는 가지에서 나풀거리고 있다. 나무의 높이는 5 미터 정도 된다. 다른 나무들과 어울려 관상수처럼 보인다. 어떤 나무는 빨강 꽃 또 다른 나무는 노랑꽃들이다. 꽃이 너무 예뻐 나의 시선을 잡아당긴다. 생강나무가 꽃을 피다니 놀란 내 눈이 움직일 줄 모르고 멍하니 보고만 있었다.

생강은 파, 마늘처럼 일년 생 식물로 그 뿌리를 먹는 것으로만 알았다

그러나 이렇게 큰 나무에 꽃이 피어 있다. 믿을 수 없다. 어린 시절 우리 마을 에서는 생강나무란 식물이 없어 못보고 다른 지역에서도 본 기억이 없다.

생각해보면 꽃을 아는 종류가 얼마 안 된다.

내가 살았던 어린 시절 내 동네는 꽃들이 많이 없었다. 산도 없는 허허 벌판에 덩그러니 앉아 마을 이었다. 남쪽은 멀리서 하늘과 땅이 붙어버린 지평선, 호남평야 곡창지대로 살기 좋다는 부촌 이였다. 쌀, 보리, 콩, 팥, 무, 배추, 우리생활의 기본 곡식과 야채로 가득한 마을, 어린이 들은 자부심을 가지고 뛰어 놀았다. 흔히 시골출신이 말하는 살기 좋은 고향의 표본이라고 하면 맞을 것 같다.

초가지붕에는 하얀 박꽃, 초생 달이 뜨는 저녁이면 얇고 하얀 꽃잎이 수줍어 파르르 떠는 것 같은 여인의 모습이다. 누가 순결하지 않다고 말 할 수 있을까? 잊으려 해도 기억 속에 깊이 박혀있다.

누나가 내 새끼손가락 까지 강제로 물 드린 봉숭아꽃, 친구들이 나의 손가락을 볼까 걱정하는 시절이었다.

울타리 담장넝쿨에 피는 호박꽃, 너무도 흔해서 꽃도 아니라고 구박을 맞는 측은한 꽃, 그러나 나는 그 꽃을 응원 하고 싶다.

꽃을 꽃들이 아니라고 하다니 당당히 그 꽃을 한가운데로 나와서 어깨를 나란히 해야 한다. 약자의 변이라 할까 호박꽃에 내 힘을 보태고 싶다.

나는 촌스런 꽃들의 이름만 알고 있다.

열외라는 말이 생각난다.

광주에는 높고 큰 무등산이 있다. 모양이 덕스럽다 포근하다 인자하다 안정감을 느낀다. 등등의 무한한 찬사를 주는 산이다. 어머니의 가슴처럼 무리 둥실 탐스런 그런 산이다.

한번은 왕실 어전에서 전국팔도의 아름다운 산을 등수로 매기는 심사가 있었다.

각 고을의 수령들이 각기 자기 고향 산을 자랑하며 서로가 일등이다 이등이다 하면서 야단법석 이었다. 그런데 무등산은 심사에서 열외가 되었다.

무등산은 너무나 특출함으로 조선 왕실 조정 에서는 이곳 산들과 비교할 수 없고 중국 황실 산들과 견주어야 함으로 심사에서 열외로 분류시켰다.

등수를 주는 심사에서 예외 시켜 무등산이라 부른다는 고사가 있다.

얼마 전에 남태평양 피지 섬을 여행했다.

온종일 하늘도 보이지 않은 울창한 숲을 가이드를 따라 다녔다.

열대 식물 꽃들을 설명을 들었는데 너무 많아서 머릿속에 기억 되는 것은 하나도 없었다. 대학 식물과 학생들이 공부하는 기분 이었다. 어떤 선인장의 꽃이 수선화 같은 모양으로 이쁜 꽃으로 생각날 뿐이다. 너무 많은 꽃을 보아 처음은 감탄하며 입이 벌어졌으나 나중은 무 감각되어 기억되었던 것도 잊어버렸다.

그래도 울창한 숲속을 오고가며 꽃의 향기를 듬북 받은 하루를 보냈었다. 안내자가 생강나무를 설명했는지 생각은 나지 않는다. 그때 혹시 생각나무를 주의 깊게 들었더라면. 이번 자마이카 여행에서 금방 알아보았을 것이다.

노 천명 씨의 사슴이란 시가 생각난다.

"관이 향기로운 너는
무척 높은 족속 이였나 보다."

생강 꽃을 보며 무척 높은 족속 이였나 보다. 라는 생각이 든다.

높은 족속이 아니고서 어찌 이런 왕국같은 자리를 차지 할 수 있을까? 적당한 기후며, 기름진 땅이며, 간간히 적셔주는 소낙비, 큰 나무 사이로 써치라잇을 비추듯 곧 바로 비쳐주는 햇빛, 천혜의 모든 복은 한 몸에 받는 것 같다. 네가 원하는 모든 것을 만끽하고 있다. 왕족의 후손이 아니면 어찌 감이 이곳을 넘나들 수 있을까? 너는 특별히 선택받은 운명이요. 전생을 의롭고 의미 있게 살았나 보다. 구석구석까지 뿌려 주는 소낙비 때문에 잎사귀도 윤기가 나고, 너의 향기가 온통 이 분지를 뒤덮는 기분이다.

생강은 우리와 너무 친숙하고 귀한 존재다. 미국사람들도 진저 브레드와 진저를 특별히 즐기고 있다.

식탁에서는 양념재료로 쓴다. 톡 쏘는 맛은 우리 미각을 자극 시킨다 우리의 무의식 층까지 전달 되여 우리 몸을 활성화 시켜 건강에 도움을 준다. 그 뿐인가 병균을 죽인다고도 한다. 한약으로 다려서 먹으면 관절염 신경통 등 다방면으로 쓰임에 감탄할 뿐이다. 또한 생강차를 마시면 커피와는 전혀 다른 우리 고유의 맛 이다. 우리끼리 오순도순 하는 느낌은 꼭 뜨끈한 안방 아랫목을 생각나게 한다.

인간 에게는 팔방미인 이란 말이 있는데 너는 팔방나무라 할까?

안내자는 그래서 그렇게 열심히 설명을 했나보다.

나무로 보아도 기품이 있고 꽃으로 보아도 수려하다. 약초로 쓰면 인간에게 큰 도움이 되니 말이다.

건봉사

몇 해 전 한국을 여행할 때에는 내 조국 남쪽 끝 단 해남의 땅끝 마을을 다녀왔고, 이번에는 북쪽 끝단을 가기로 했다.

북쪽으로 끝자락 지역의 고성, 간성, 화진포, 이승만 대통령 별장 김일성 별장 그리고 이기붕 별장 등을 구경했다.

돌아오는 길에 금강산 건봉사 라는 절을 찾아갔다. 이 지역이 금강산 초입이라 한다. 아득히 먼 곳으로만 생각한 금강산이 바로 여기서부터 시작이다.

강원도 속초에서 간성으로 반시간쯤 달리다가 서쪽으로 태백산맥을 향하여 들어가면 건봉사라는 절이 있다. 옛날 에는 상당한 규모였지만, 지금은 지나간 세월 속에 전쟁과 화재의 상처로 얼룩져 있다.

넓은 절터 자리에는 몇 채 새로 지은 건물이 있다. 특이한 것은 입구에 불이문 이라는 현판이 붙은 출입문이 있다. 들어갈 때 온갖 생각들이 산봉우리의 구름처럼 모여 든다.

불이문만이 전쟁과 화재를 면하여 남아있다고 말 한다. 불이

문 이라, 둘이 아니고 하나라는 뜻의 문이다. 우선 건축 구조 자체부터가 특이하다.

정 사각 코너 에는 기둥이 네게 서 있으며 기둥의 둘레는 보통 성인의 한 아름이다. 그리고 기둥 위에는 지붕만 있다. 시골에서의 원두막같이 생겼으나 규모만 클 뿐이다.

무엇이 불이라는 것인가?

중생과 부처가 하나요,

참과 거짓이 하나 라는 뜻인가?

너와 내가 둘이 아니고 우리란 것으로 하나란 말인가?

높고 낮음이 둘이 아니요,

크고 작음이 둘이 아니요,

서로 어울려 하나라는 심오한 진리를 알고 떠나라는 말인가?

불이문에 들어서면 모든 부와 명예와 권력을 위해 탐하는 마음을 가두고 훨훨 떠나라는 뜻인가.

여러 가지 생각이 든다. 그것이 그리 쉬운 일인가, 멀고 가까움이 둘이 아니요 이곳과 저곳이 둘이 아니다.

우리가 나누는 것은 생각이요, 마음인 것이다.

나눔으로부터 자유로워야 한다. 그곳에서 드디어 잡념에서 해방되어야 한다.

지난날 어느 사찰에서는 일주문도 보았다. 들어오기 전 까지 모든 생각을 버리고 오직 하나의 길을 따르라는 말과 모두 같다는 생각이 든다.

맑은 하늘이 보이고 내 고향산천 흙냄새가 풍기는 이곳 에서 조국의 품은 나와 하나라고 느낀다. 갑자기 나그네 설음을 달래는 이민자의 모습이 되어 나와 같이 외국에 사는 사람들의 심정도 헤아려 본다.

어느 곳에서 살던지 내 조국에 생각이 미칠 때 그것이 불이라는 것이다 둘이 아니고 하나라는 뜻이 박혀 있다.

설악산 하면은 생각나는 신흥사 그리고 우리에게 유명한 백담사 또 얼마 전에 불타 재건중인 낙산사 등이 있다.

건봉사는 이 사찰들을 말 사로 거느린 한국 4대 사찰중의 하나 였고 중량급의 사찰 이였다.

지금은 세월 앞에 무슨 소용이 있겠는가? 상처만 간직하고 지금은 신흥사의 말 사라 하니 환경 따라 주객이 전도된 셈이다.

동행한 일행에게 불이문이 무슨 뜻이냐고 가벼운 질문을 하였으나 사찰을 구경하느라 정신이 딴 곳으로 쏠려 있다.

민간인 통제 구역인 휴전선 근방의 지역 이였다. 지금은 일반인에게 출입이 허용 되어 있다.

금강산 하면 마음속으로만 우리들의 산이지 알프스 산 보다 더 멀리 있는 느낌이다.

분단된 조국을 가진 우리들의 애환이다.

지구의 반을 돌아서 이곳에 왔어도 한 뼘 지척에 있는 금강산을 직접 가보지 못한다. 안타깝기 짝이 없다. 누가 그 길을 막았는가? 슬픈 일이다.

유럽의 알프스산도 뉴질랜드의 마운틴쿡도 내 마음대로 가서 보았다. 역사의 소용돌이 속에서 사는 우리들은 누구를 탓 하겠는가?

스스로 자기 탓으로만 생각 하여야 마음이 평온하다.

이제 불이문으로 들어 왔으니 모든 것을 나의 탓으로 생각하고 그리고 엇갈리는 상념을 정리하고 이곳을 떠날 것이다.

몸과 마음이 어떤 것에 붙잡혀 있다면 그것은 자유로움이 아니다. 절을 둘러싼 아름다운 자연 ,흐르는 실개천의 물소리, 산을 뒤 덮은 단풍들, 이것을 보고 느끼는 마음의 평화는 아무도 억지로 막을 수 없다.

장자의 말씀이 생각난다.

인간과 천지 만물이 통 할 수 있는 것을 도라 하였고 이것을 인간의 본성으로 보았다.

우리가 일상생활에서 사고의 틀을 깨기만 해도 불이문의 진리를 이해할 것 같다.

장자는 무위자연의 세계를 나비의 꿈처럼 훨훨 나는 세계라

했다. 장자가 꿈속에서 나비가 되어 날고 또한 나비가 장자 되어 나는 꿈을 꿀 때에 장자와 나비는 구분이 없었다. 불이문의 뜻처럼 하나였다. 9 만리 창공을 나는 대붕의 눈에는 건봉사도 점으로만 보이고 점은 쪼갤 수 없을 것이다.

이리하여 삼라만상은 하나가 될 수도 있다.

크루즈 여행길에서

마음속으로 가고 싶었던 여행 이였는데 예약이 순조로워 다행스럽다.

동행한 인원들도 그런대로 구성이 잘 되었다. 여행 중에는 평상시 보다 서로가 양보와 조화와 협력이 필요한데 하모니가 잘 되어 보인다.

일행의 일부가 로스엔젤레스의 남쪽 끝단에 위치한 센 페드로 항구에 도착한 시간은 정오쯤 이였다.

산더미처럼 보이는 큰 배가 정박되어 있다. 십일만 톤이라나, 현재 운영 중인 크르즈 배중에서 제일 큰 규모이다.

꼬리를 물고 들어오는 차량들은 탑승객과 여행 가방을 내려주고 손을 흔들고 잘 다녀오세요, 하면서 떠나지만 가방과 승객이 그 자리에서 분리 되면서 안내자는 먼저 도착하는 여행객들의 뒤를 따르라고 손으로 신호를 한다.

너무도 질서가 정연하여 거대한 기계의 톱니바퀴가 물려서 서서히 돌아가는 것처럼 보인다.

다른 여행객처럼 가방은 그곳에 두고 여권만 손에 들고서 안내자의 지시대로 줄을 따라 뒤 따른다. 내 가방도 착오 없이 도착 하겠지 하면서도 약간 불안한 마음이 든다.

여행사에서는 짐표를 여유 있게 주면서 방 번호를 확실하게 적고 가방에서 떨어지지 않도록 당부도 하여 나 자신도 확인하고 번호도 꼭 맞게 부착하였건만 혹시 착오가 있지 않을까 걱정된다.

틀림없겠지 마음속으로만 다짐하며 앞 사람을 따라 우리 일행도 대열에 합류한다.

9.11 사태 이후에 여행객들에게는 참으로 불편한 점이 많다. 모든 안전을 위한 방법이라 하지만 상당히 절차가 까다로워졌다. 이쪽에서 확인하고 저쪽에서 대조하고 이런 것들이 승객들을 위한 것이라고 생각하고 서로가 잘 협조한다.

그 절차에 따르는 승객들의 짜증도 이해하지만 실시하는 기관도 인력 낭비에 경제적 손실 또한 막대할 것이다.

지루하고 짜증스런 절차를 통과하여 승선한다. 안내자의 협조에 의하여 아내와 나는 예약된 우리 방에 도착한다. 방은 상상 이상으로 좋다. 오래 전에 배를 탔던 기억이 떠오른다. 그대는 2만 톤 규모의 배였는데 그때의 침실이나 화장실을 비교하면 너무도 차이가 많다. 시대도 변했지만 규모도 변했다.

많은 사람들이 동경하는 크르즈 여행이 드디어 시작이다.

'ESCAPE"라는 단어를 사용해 크르즈 여행의 광고를 보았다 현실과. 연락이 두절된 상태에서 즐거운 시간을 보내라는 의미인지 혹은 모든 것을 잊고서 순간순간만을 향유하라는 뜻인지 최소한 칠박 팔일은 보장된 여행이 이제 시작이다.

영화에서나 혹은 잡지에서 얻은 단편적인 지식은 인간의 삶이 여행에도 큰 도움이 된다는 생각이 든다.

이제부터는 전혀 다른 세계에서 살아야 한다. 그리고 모든 것을 잊어버리고' 한정된 배'라는 영토에서 생활이다.

누가 방문을 노크한다. 아직 짐도 다 도착하지 않아서 정리도 하지 않은 상태이지만 문을 열어준다.

일행이 식사를 하자며 고개를 내민다. 오후 3시이니 약간은 배가 고프기도 하다. 그래요 하면서 아내와 함께 따라 나선다.

식당은 13층에 있다고 하니 얼마나 거대한 배인가, 승강기를 타고 올라간다. 여기서도 줄을 스며 기다린다. 기다림에 익숙하지 못하면 문명인이 못 되는지 또 참으며 순서에 따라 움직인다.

식당은 배의 중앙에 위치하고 태이불은 배의 좌우편으로 배치 되였는데 한쪽만도 200석이 넘는 큰 홀이다 그렇게 많은 승객이지만 모두들 즐거운 얼굴로 식사를 한다.

우리 일행도 창문 쪽으로 자리를 잡고서 평상시 보다는 많이 갖고 와서 식사를 시작한다. 점심시간이 지나서 말없이 식사들을 한다.

저녁식사는 정식으로 식당 홀에 가서 접대를 받으며 하든지 부페식 식사를 하든 자유지만 아침 점심은 부페식 이다.

함상의 첫 식사다 항상 느끼는 것 이지만 한 접시에 수북이 담아오는 습성이다 서양인처럼 수프나 셀러드를 가지고 와서 먹고 다음에 메인메뉴를 먹어도 되는데 우리들은 보통 한 번에 가지고 와서 먹는다. 그리고 어느 정도 배를 채우면 이야기들을 한다.

먹고 싶으면 디져트를 먹으면 된다. 인간은 그리도 간사한가? 마음대로 먹으라 하니 먹고 싶은 것이 없다. 자정까지는 식당이 열려 있고 우리의 마음대로 아무 때나 먹고 싶으면 먹는다.

과연 이곳이 천국인가? 먹는 것과 잠자는 것이 해결 되여 있다. 우리는 어떻게 효과적으로 즐길 것인가? 순간 적으로 먹고 싶은 것이 없다.

여행은 드디어 시작 되었다. 육중한 배는 남쪽으로 항진 중이다. 왼쪽에는 바하 켈리포니아 멕시코의 서부 해안이 멀어지고 오른쪽에는 멀리서 바다와 하늘이 겹치어 하늘인지 바다인지 구별이 어렵다.

배는 수평선을 향하여 아무리 달려가도 수평선은 잡을 길이 없다. 멀리 수평선에는 땅의 물과 하늘이 서로 평행한 일직선을 이루듯이 우리도 그와 같이 모든 것이 그 속에 용해 되였으면 한다. 그 속에는 미움 증오 불평 절망 등을 침전시키고 새로운 다른 삶의 순진하고 평범한 싹이 움트면 하는 마음이다.

여행은 삶의 연장에서 휴식이요 삶을 점검하고 조용히 자신의 내면을 가다듬는 재충전의 장이요 또한 수련의 장이다.

새로운 사람과 대화 하고 새로운 곳을 보면서 새로운 다짐을 하면 쿠르즈 여행의 목적이 될까?

배심원

미국 와서 살다보면 가끔 배심원 출두를 받는다. 18세 이상 미국 시민권자면 해당 된다 받는 순간부터 찌푸린 얼굴로 짜증스럽다.

인간은 자의가 아니라 타의에 의한 행동이 싫기 때문이다. 영주권자는 비 시민권자로 통보하면 그 뿐이다. 그러나 시민권자는 정당한 사유가 없는 한 출두해야한다. 정당한 사유란 병원 입원 기록 혹은 출장 중의 항공기 티켇 또는 생계를 위한 직업 등 이다 그러나 근래에는 생계를 위한 직업이 남용 되였는지 잘 허용되지 않는다.

배심원으로써 재판하는 모든 과정을 경험하는 기회를 가졌다.

나는 맨 첫날 40여명의 배심원의 후보들이 대기실에서 잡담을 하며 대기하고 있었다. 초등학교 교실보다는 약간 크며 1층에 있었다. 벽에 걸린 TV는 열심히 떠들지만 보는 사람은 드물다.

오전 9시에 7명이 불리어 나갔다. 나머지 인원은 오후에도 똑같이 대기실에서 기다렸다.

첫째 날 부르지 않으면 배심원 후보에서 빠진다며 즐거워한다. 시간이 지나면 지루해서 기지개를 펴기도 하고 목소리도 약간 높아진다. 4시 50분 까지는 2시간이 남아 있다. 이런 행운이란 누구에게나 오는 것이 아닌가 보다.

우리는 오후 3시에 호출 되여 재판이 진행될 법정 방청석으로 들어갔다.

엄숙한 분위기다. 입장하기 전부터 안내경찰은 조용히 하라고 거듭 당부한다.

18명을 호명하여 6명씩 3열로 배심원 석에 배치한다.

나는 첫째 줄 5번째 자리에 앉았다.

판사석 정면은 방청석이요, 우측은 서기들이 앉아 있고, 좌측은 배심원 석이다.

판사의 권위는 대단하다. 꼭 고양이 앞에 쥐 같이 무엇에 압도당한 것 같이 무거운 분위기다. 재판의 권위를 강조하기 위해서 판사석 바로 앞 통로는 통행이 금지 되어 있다. 판사는 아주 낮은 목소리로 배심원석을 향하여 배심원 경험이 있는 자는 손을 들라한다. 2명이 손을 들었다. 형사제판이냐 혹은 민사제판이냐 묻는다. 그리고는 차이점을 말한다. 12명의 배심원 중에 민사 제판은 9명 이상의 가부로 평결하나. 형사제판은 12명

전원일치의 평결로 재판한다는 것이다.

이번사건은 음주운전 사고 재판이라 한다. 가족이나 친지 중 음주운전 재판 경험이 있는 자는 옆 사무실로 오라한다. 5명이 나갔다. 변호사와 검사도 같이 간다. 그중 3명은 교체 되었다. 다시 판사가 배심원석을 보며 3명을 부르고 검사와 변호사도 2명씩 부른다. 얼굴 인상이나 느낌으로 가려내는 것 같다. 혹시 판단을 잘 못할까 염려하는 것이다.

모든 과정이 끝났다. 12명 정배심원과 2명은 예비후보다. 14명은 순번대로 성명은 말하지 않고 통지서의 자기 고유번호를 대고 가족관계 직업 등을 발표한다. 판사는 당부 한다 이번재판은 형사제판인데 지금부터 선출된 배심원은 옆 사람, 가족, 친구와도 이 사건에 대해서는 평결이 도달 할 때 까지 질문 하거나 토론하거나 일체 말을 하지 말고 혼자 스스로 판단을 하라는 것이다.

특히 같은 배심원과 점심을 하더라도 이 사건에 관한 이야기를 해서는 안 된다고 말한다. 이렇게 첫째 날이 끝났다.

2일째 되는 날 음주운전에 대하여 알려 준다. 술을 먹고 정상적인 운전을 하면 위법이 아니다. 단 마신 술의 알콜 농도 때문에 비정상 운전을 했다면 위법에 해당된다.

즉 D.U.I.(driving under the influence) 라 한다. 이런 정의 아래서

의견을 주고받는다. 검사 측에서는 사건 당시 현장에 있었던 경찰이 출석하여 상황을 설명한다.

변호사 측에서는 그 당시 상항이 적법으로 처리 되었나를 추궁한다. 배심원 중에서 질문이 있으면 옆방으로 따로 나가서 판사에게 질문 한다. 이때 검사나 변호사도 동행한다.

이렇게 검사와 변호사의 공방이 계속 되었다. 사고는 고속도로 선상에서 다른 차를 받았다. 대형사고 라고만 말하고 세부사항은 우리에게 말하지 않는다. 그런데 변호인 측에서는 경찰이 사건을 적법하게 처리했는가를 질문한다. 나는 본질에서 벗어난 질문이며 옹색한 변론만 할 수 있기 때문인지 의아스러웠다. 셋째 날 넷째 날이 계속 되였다. 변호인 측에서는 자꾸 다른 증인을 등장시킨다.

5일째 되는 날 이다. 평결이 있는 날이다. 9시에 또 검사와 변호사가 최종으로 말을 한다.10시가 되어서 12명의배심원들이 옆방 평결실로 들어간다. 법원 집행관이 들어와서 설명한다. 출입문 옆에는 3개의 신호가 있다. 1은 질문이 있을 때 사용한다. 2 번은 평결이 되었을 때만 사용한다. 3번은 긴급사항이 있을 때 사용한다며 알려준다. 사무실 한 가운데 큰 라운드 태이불이 있다. 우리는 둥그렇게 둘러앉았다.

의견들을 말하는 것이다. 투표하기 전에 사건의 본질을 알라는 것이다.11시에 투표를 했다. 10대2로 GUILT 가 우세했으나 형사재판이여서 만장일치가 아니다.

또 둘러앉아서 이야기들을 한다. 11시에 투표를 했으나 11대 1 벌을 받아야 한다는 것이다. 한사람 때문에 끝내지 못하여 모두들 섭섭히 생각 했다.오후 2시에 투표를 했다.

드디어 12대 0 guilt 로 평결에 도달했다.

우리는 5일 동안 배심원을 했다. 날이 갈수록 재판의 공정성을 알게 되였고 우리들의 태도도 진지해서 모든 설명을 열심히 들었다. 우리는 서로 토론하며 평결 시작 후 당일 오후에 만장일치의 결론에 도달했다. 솔로몬의 지혜는 발휘하지 못 했을 지라도 심사숙고한 보람이 있었다.

비록 한 개인이 벌을 받는 것은 안타까운 일이지만 사회 정의 구현을 위해 한 치의 치우침이 없이 판결을 하려는 재판과정을 경험했다. 법치국가란 무엇인가? 국민 누구에게나 공평하게 법이 적용되는 것이다. 그래야 우리는 법의 철저한 보호아래 있다는 자부심을 갖게 되고 국가를 믿게 된다.

배심원에 선정 되였다는 통보를 받으면 누구나 귀찮다 한다. 그러나 한번 경험을 하니 애국자가 된 기분이다. 또한 국민 모두가 정의 사회의 일원이 되었으면 하는 바람도 갖게 되었다. 참 뜻 깊은 경험 이였다.

천천히 그리고 느리게

우리 앞집 소나무는 백 년을 살았다 한다. 사람으로 치자면 백 살 넘은 할아버지가 꿋꿋이 서 있다. 앞집은 유럽계통의 백인 가정이다. 아주 점잖은 분이고 부드럽고 천천히 말을 한다. 칠십이 넘은 부부가 정원을 아름답게 가꾼다. 이년 또는 삼 년마다 가지를 치고 잘라 주어서 몸통은 크고 통통하다. 키는 20 미터 정도의 높이에 반달 모양으로 자라서 듬직하게 보인다.

옆 집 뒤뜰에 서있는 팜 추리는 50 미터 정도 높이다. 언제 보아도 콩 나물 같이 벌거벗은 몸뚱이 하나로 손을 쫙 펴고 하늘을 쳐다보면서 흔들리고 있다. 바로 그 밑에는 꺾어진 잎이 갈색으로 변하여 죽은 것 같이 매달려 어떤 인연이 많아 떠나지 못하고 있다.

오른쪽 앞집에는 올리브 나무가 있다. 작은 잎사귀들이 실바람에도 항상 흔들린다. 부드러운 잎들이 서로 엉켜 속은 보이지 않아 새들의 보금자리에 안성맞춤이다. 여러 종류의 새들이 날아든다.

이런 나무들을 나는 내 집에서 날마다 볼수 있다.

이 지역은 오래된 역사 보존 지역이라 옛것을 지키며, 새것으로 바꾸지 않는다.

그러므로 모든 나무들도 한 세기가 지나도록 자라고 있다. 올리브 나무는 두 사람이 잡아도 남을 것 같은 큰 덩치를 자랑한다.

파울로 코엘료가 쓴 순례자의 책에 속도 훈련 이라는 대목이 있다. 아주 느린 속도에서 관찰 하면 무엇을 알아 낼 수 있을까? 보통 우리는 어떤 것을 보았을 때 느낌을 무시하거나 망각해 버리곤 한다.

소나무는 가지들 마다 맨 끝에 새순이 나와서 하늘을 향한다. 아주 연약하고 부드러우며 연초록색이다. 세월이 지나면서 짙은 초록색으로 변하고 단단해진다.

이렇게 겉모양은 보이지만 나무의 속은 무엇일까?

백여 년을 한곳에서 한결같이 어떤 마음으로 견디고 있을까? 비바람이며 눈보라며 강풍이며 뜨거운 햇빛이며 자연의 변화 때문에 나뭇결이나 나이테의 모양이 어떻게 달라지는지 궁금하다.

옆에 있는 나무와 친구 사이 인지 혹은 혼자 불평이나 하면서 외롭게 있는지 알 수 없다.

올리브나무는 밑 에서부터 1미터 높이 에서 다섯 가지로 나누어지고 각 가지마다 성인 한 아름의 크기다.

다시 밑동부터 다섯 가지로 나누어진다. 특이한 것은 가지의 크기가 비슷하다 이 나무는 원래부터 사이가 좋아서 형제 가지들이 서로 양보하고 협조하며 살았는지 비슷한 몸집이다. 몸에 비교하여 잎사귀 너무 적어 손톱 크기만하다. 바람이 불지 않은 날에도 항상 흔들리고 있다 색도 초록색과 하얀색을 믹스된 것 같이 하얀색에 가까운 은록색이다. 다른 나무에 비해서 새들이 많이 와서 논다 이유는 알 수 없지만 놀기에도 편리하고 그들에게 향기로운 냄새가 풍기는지 혹은 먹을 것이 많은지 모른다. 혹은 친구들과 대화 하며 조잘조잘 거리는지 어떻든 모두 모여 놀수 있는 올리브 나무는 사랑방 같은 존재다.

밑 부분은 오래된 뿌리가 자라나서 무덤처럼 쑥 올라와 있다.

여러 마리의 비둘기나 다른 새들도 같이 논다. 새들의 색과 나무껍질의 색은 매우 비슷하다. 이른바 보호색이다.

나무가 새의 색을 따랐는지 혹은 새가 나무의 색을 따랐는지 알 수 없다. 그들은 더불어 같이 살고 있다. 나는 아침이면 새들의 합창을 들으며 눈을 뜬다. 자세히 듣고 있으면 각각 다른 소리로 노래한다. 한마리가 열 가지 이상의 다른 음색을 연출한다. 이래서 나의 오늘 일과는 즐겁게 시작된다.

팜 추리 나무는 고집스럽게 유아독존이다. 자식도 없고 자손도 없어 몸통 하나만 하늘로 쭉 뻗어 있다. 몸통 중간에는 껍질마저 벗어져 민둥민둥하다.

뿌리의 깊이는 알 수 없으나 키에 비교하면 깊을 것이다. 전봇대의 몇 배 높이로 높이 서 있으며 바벨탑을 닮아서 하늘만 향하여 달린다.

저 혼자의 힘으로 하늘을 겨루어 담판을 낼려나?

잎 끝은 바람에 시달려 갈갈이 찢겨져 있다. 찢긴 이파리가 명주실 같이 흔들리며 하얀색으로 변하여 있다. 세찬 바람에 활처럼 굽어 지는 몸통에 비해 밑 둥에는 코끼리 다리같이 튼튼하여 끄떡없다.

곁가지도 없고 몸에는 잎사귀도 없는 곧은 전라의 몸이다. 꼭대기 에서 잎이 많아지면 매달려 있기가 어려운지 꺾이어 갈색으로 변 하고 강한 바람이 불면 떨어진다.

꼭대기 머리만 흔들어 대며 춤을 추고 몸통인지 목인지 다리인지 알 수 없어도 홀로 생존 한다 오늘날 우리 사회의 독거노인과 비슷하다.

그래도 키가 크다고 우쭐대도 목재로써는 쓸모가 없다. 그러나 관상용으로는 보기가 좋기 때문인지 값이 비싸다. 켈리포니아는 유명한 거리마다 팜츄리가 줄지어 서서 그 위상을 자랑하는 곳이 많다.

올리브 나무와 소나무의 간격은 20 미터 정도다. 위의 가지들은 가까운 거리에서 속삭이듯 100 여 년을 한 결 같이 살아왔다. 인류는 인접 국가들과 백 년 동안이면 적이 되었다, 친구가 되었다 한다는데, 소나무와 올리브 나무는 좁은 공간에서 어떻게 지냈을까?

처음부터 숙명으로 받아 들었는지 땅속 깊은 곳에서 뿌리는 서로 엉커 있어 미워할 수 없는 관계가 되였는지 알 수 없다. 말을 할 수 없으니 우리는 알 수 없다. 소나무는 고산 식물이고 올리브 나무는 열대성 평지 식물인데 한 장소에서 서로가 좋아했는지 혹은 조금 싫더라도 곱게 보며 잘 지냈는지? 여러 가지 생각이 든다.

팜 추리는 이모든 것이 불만스러워 높게 올라갔는지 모른다.

어떤 상황에도 아예 고고한 척 고개를 빳빳이 들고 키를 키웠는지 모른다.

귀를 막고 요지경 속의 밑을 내려다보는지 알 수 없다.

100년을 살았는데 그들의 성장 과정이 어니쯤에 왔는지 앞으로 몇 년을 더 살지 알 수 없다.

나는 오늘도 오래된 나무들 때문에 초록색 바람을 맛본다. 초록과 노랑과 파랑이 섞인 나무를 보며 그리고 아침햇살이 반짝하기 전부터 새들의 노래를 무료로 듣는다. 먼 먼 훗날 내가 없어도 그 자리에서 나무는 흔들리고 새들은 노래 할 것이다. 나는 내일도 가까이 다가가서 그들을 바라볼 것이다. 천천히 느리게 그리고 또 더 천천히 느리게…….

성경 한 번 베끼고서

2014년 아프리카 여행에서 있었던 일이다.

같은 식탁에서 밥을 먹던 윤 권사님이 "나는 2013년 성탄절 기념으로 창세기를 다 베꼈어요," 하며 자랑스럽게 말했다.

"딱 두 달 걸렸어요, 다 쓴 다음에 목사님에게 보여 드렸어요, 올 해는 요한 계시록을 베낄 거예요, 창세기는 알파요 계시록은 오매가라고 하지 않아요?

말하는 권사님의 얼굴에는 기쁨으로 환해지는 것 같았다.

초면이라 모두들 서먹서먹했는데 권사님의 성경이야기로 분위기가 한결 부드러워졌다. "

힘 안 들었어요? 라고 물으니, 제미 있었다고 말을 한다.

엇박자 대답이다. 힘들었을 것으로 물었는데 나의 예상이 빗나간 대답이다.

사는 일이 여유도 있고, 넉넉하고 즐거운 모양이다. 우리와 비슷한 나이 친구들이라, 땡, 하게 한방 맞은 기분으로 그녀를 처다 보았다. 성탄절 하면 의례히 선물 주고, 받는 것에 온통 신경을 썼는데 성경을 써서 보여드렸다는 것이다. 보람 있고 진실을 담은 선물인 것 같다.나도 마음속으로 다짐했다. 그렇지!! 이번 아프리카 여행은 희망봉을 보는 것 뿐 아니라 또 다른 것을 얻었다. 바로 여행은 이런 것 이였구나, 그 순간부터 마음이 들 떠 있었다.

여행에서 돌아 왔다. 한글성경보다는 영어성경을 쓰기로 작정했다. 그래도 내 인생에 반은 미국생활임으로 영어를 택했다. 일석이조 영어공부도 하고 성경공부도 하는 것이다. 설레는 마음으로 필기도구와 구멍이 3개 뚫려있는 100장 묶음 노트를 우선 5권 샀다. 바인드에 끼웠다. 이런 것이 몇 권이나 될까? 막상 시작하려고 하니 아주 먼 길을 가는 아득한 기분 이다. 무엇이 나를 꽉 누르는 중압감인데 쓰고 싶다는 욕망은 있다. 과연 성경 모두를 베낄 수 있을까 두려운 마음도 있었다.

2년 ,3년 , 걸려도 무슨 문제냐? 온 천지에 있는 것이 시간뿐이다. 쓰면서 즐거움을 갖자는 것도 큰 기쁨일 것이다. 하며 여유 있게 시작을 했다.

드디어 창세기를 쓰기 시작했다. 4월 3일 2014년 목요일 새벽이다 어제 밤까지 모든 준비는 완료하고 일부러 새벽에 출발하는 기분으로 시작했다.

다행이 새벽잠이 없는 나의 생활습관에 안성맞춤이다.

오랜만에 영어문장을 쓰니 알파벳이 이리저리 기어 다닌다. 솜씨가 그러는 것을 누구를 탓하랴? 하는 수 없이 그대로 계속했다.

이틀 지나니 가운데 손가락에 물집이 생겼다. 나도 모르게 볼펜을 너무 꽉 쥐고 썼다. 약을 바르고 반창고를 붙이고 쓰니 불편했다. 아픔을 견디며 계속했다. 삼일이 지나니 괜찮다. 마침 고무 바킹이 있는 볼펜이 있어 그 바킹을 이용하니 문제가 해결 되었다.

매번 쓸 때 마다 한 시간 정도 지나면 몸이 요동을 친다. 허리가 아프고 목도 굳어지고 종아리가 빳빳해 진다. 공부도 글 쓰는 것도 모두 때가 있어 젊어서 하는데 하며 이런 운동을 자주 했다. 가슴을 펴고 몇 번 긴 호흡을 한 후에 다시 쓰기 시작한다.

처음은 창세기 188페이지를 21일간 썼다.

나도 한권은 썼다는 자부심을 갖고 기분이 좋았다.

처음부터 차례대로 하면 질려서 겁부터 난다. 그러므로 생각을 바꾸었다.

다음은 요한 계시록을 찾으며, 나도 알파요 오매가다 되새김하며 계시록을 써 갔다.

다시 모세5경 만 이라도 쓰자하면서 계속했다.

87일 만에 모세5경이 완성했다. 마음이 뿌듯하다. 이것만 완성해도 괜찮다 대략 400장 정도다. 한 개의 바인드 북이 가득 찼다. 어루만지며 한참을 처다 보았다.

내일은 하루를 완전히 쉬고 싶다. 골프도 치고 커피도 마시고 아무 의미 없는 것 같으나 잡담도 하며 하루를 푹 멋있게 쉬어야겠다고 마음먹었다. 꼭 군대 훈련 중에 하루 외출하는 기분이다.'

나는 평소에는 신약 읽기를 더 좋아했다. 그래서 마태복음 마가복음을 썼다.

다음은 읽기 좋은 시편을 썼다. 100페이지를 15일에 동안에 기록했다.

그리고 부피가 많은 이사야, 예레미아를 마치니 성경이 거의 절반이 되였다. 이제는 중도 하차가 있을 수 없다는 마음이 생긴다. 9월 3일 이다 학생들이 새 학기가 시작되었다.

다시 나도 몸과 마음을 재충전 하자, 다짐했다.

후반전이다. 여호수아부터 계속 써 나갔다.

사무엘을 쓸 때부터 가속도가 붙었다. 하루에 12장 성경 12 페이지를 쓴 기록 도 있다.

제일 싫어하는 과목은 역대 상, 역대하였다. 인명과 지명에

골치가 지끈 지끈 거렸다.

시작 후 4개월부터는 저녁 연속극 보는 것이 자연스럽게 중단 되였다.

성경을 우선 더 쓰고 싶었다. 친구를 만나는 횟수도 줄이고 가급적 일찍 집에 왔다.

쓰는 시간은 주로 새벽 3시간동안에 하루 예정 절반이상이 써진다. 그리고 낮과 저녁 시간이었다.

일기장에 이런 것들이 적혀있다.

7-31 2014 목요일

옆구리가 점점 심하게 아프다. 결여 오는 느낌이다.

아무리 좋은 일이라 할지라도 몸의 상태에 따라서 해야 한다. 나는 이제 젊은이가 아니지 않은가?

정말 계속 쓰고 싶은데 .기도하자!! 현제 거의 1/3 일을 쓰고 있다.

8-15 2014 금요일

구약 이사야 90 페이지를 15일간에 다 썼다.

한국에서는 교황이 오셨다고 행사준비에 만전을 기한다.

8월 21일 2014 목요일 글쓰기가 예상외로 잘 진행된다.

하루 7장은 수월하게 쓰여 진다. 성경은 7페이지 정도다.

1-22-2015 목요일

에스겔을 쓰면서 눈이 잘 안 보인다.

창문가로 가서 먼동이 트는 것을 바라본다. 눈을 비비고 와서 다시 써간다.

내 방에서 동트는 것을 바라보는 것도 큰 축복이다. 특히 성경을 쓰면서 받은 은혜에 대하여 묵상하는 시간이 많아졌다.

보통 새벽 4 시 반이면 일어난다.

사방은 고요하며 모두들 잠을 자는 시간이다. 나는 눈을 뜨면 정신이 맑다. 간단히 세수를 하고 커피를 끓인다. 그리고 한동안 묵상 한다. 어느 누구도 간섭이 없이 가장 좋은 환경이다.

이보다 더 좋을 수가 있을까? 가장 좋은 날씨 책상에 혼자 앉아 쓰는 것이다. 성취감이 있어 항상 기분이 좋다.

회전의자는 근방 허리가 아프다. 발 4개있는 고정된 의자가 훨씬 편하다.

내려진 커피를 한잔 들면서 쓰기를 계속 한다. 글씨도 또렷하게 잘 보인다. 보통 소리 내어 읽으며 써나간다. 정신이 맑을 때 진도가 잘 나간다.

그래서 새벽이 좋다. 나도 모르게 3장이 어느덧 쓰여 진다.

이제 알파벳이 제 자리를 잡아 간다. 내가 보아도 제법 세련된 글씨체다.

밖이 환하다. 그러나 몸은 여기저기서 아프다. 육체는 아프고 정신이 즐거워 그러는지 펜을 놓고 긴 숨을 쉬면 몸이 노근하며 편해진다. 그리고 아픔은 없어진다. 그래도 쓰고 싶고 기쁘다. 또한 만족스럽다. 대견스럽다. 내가 나를 모를 일이다

드디어 4월8일 2015년 수요일이다. 더더욱 기분 좋은 것은 지난주일이 부활주일이다. 나는 오늘 대 장정이 막을 내리리라 마음먹었다. 요한 2서 요한3서 그리고 유다서만 남았기 때문이다. 계속 열심히 기록했다. 마침표를 찍고 시계를 보았다. 오전 10시30분 꼬박 6시간을 움직이지 않았다. 마침내 해낸 것이다.

처음 시작할 때는 3년에 끝냈으면 했다. 마음속으로는 5년이면 어떠하리? 하면서 아마추어 마라토너가 시간 관계없이 완주하는 것처럼 어느 때고 끝내고 싶었다.

그러나 시작하니 상항이 달라지며 가속이 붙었다. 그냥 쓰고 싶은 것이다.

조급한 마음은 없는데 계속 쓰고 싶은 것이다.

TV는 특별한 개입 이외는 안 보았다.

어떤 때는 시간상으로 분명 2시간 이상인데 5분 10분으로 느

껴진다. 쓰고자 하는 집념이 나를 지배했다. 잠재의식도 한 몫을 단단히 한 것 같다. 온 정신이 성경쓰기에만 몰두하는 것이다.

구약이 1537 장수요 신약이 524장수 모두 2061 장수니 총 4122 페이지다.

볼펜은 36개 사용했다. 8권의 바인더 북이다. 대 장정이 371일 만에 끝이 났다. 꼭 일 년하고 일주일 동안 이였다. 나도 믿어지지 않는다.!

지난주 목사님의 말씀은 . 호산나 외치며 주님이 입성할 때 나귀를 빌려준 이름 없는 신도가 있다고 했다. 그런 성도가 많이 있다했다.

가운데 손가락의 굳은살은 즐거운 일의흔적이요, 오늘의 충실함을 말한다.

"고맙다" 나는 스스로 내 어깨를 두드려 주었다.

새로운 교통신호

영화의 도시, 명성의 거리, 헐리우드 블러바드와 하이렌드 에브뉴가 만나는 교차지점에서 새로운 신호 방법을 바라보고 있다. 이곳은 꼬리에 꼬리를 물고 밀려오는 자동차 행렬과 벌떼처럼 모여드는 관광객들로 붐비는 곳이다. 엘리뇨 현상으로 폭우가 한곳으로 쏟아지는 것같이 보행자와 차량이 끊임없이 오고가고 한다.

어릴 적에 시골에서 웅덩이에 송사리 떼들이 모여서 움직이는 것을 보고 왜 답답하게 한곳에만 모일까? 넓은 곳으로 가서 활개치고 놀면 되는데 하는 생각을 했었다. 사람이나 물고기나 생각은 비슷하나보다. 서로 어울리면 즐거운 일이 일어나는 모양이다.

이 거리는 별이 땅에 수 놓아져있다. 여러 나라에서 모여든 각양각색에 관광객들은 별을 밟고 지나간다. 별에는 스타들의 이름이 금빛으로 빛나고 있다. 유명인의 손자국과 발자국에 자기 손 혹은 발을 얹고 사진 찍는 젊은이의 얼굴이 빛난다. 그

군중들 사이에 끼어들어 활보하는 가짜 마린몬로는 진짜같이 활보하며 관광객과 사진을 찍고 가짜 남자배우 마이클 잭슨은 어께에 금태 안장을 하고서 더 분주하다. 할리우드에 왔다면 꼭 봐야할 돌비 극장이 있고 그 옆에는 차이니스 극장이 있기 때문이다. 나는 과거의 영화와 미래의 희망으로 반짝거리는 명랑한 거리에 서서 새롭게 달라진 신호등을 바라보고 있다.

몇 해 전에 색다른 경험을 했다. 인도의 바라나시를 여행할 때다. 이곳은 힌두교의 성지다. 아주 복잡한 큰 사거리에 교통신호가 아예 애초부터 없었다. 원시 시대에 머물러 있었을까. 신호등 자체가 없다. 시골 재래시장에서 사람들이 빽빽이 앞, 뒤로 또는 좌, 우로 오고가고 있었다. 그런데 보행자는 물론 자동차 그리고 오토샤* 또한 바싹 마른 소들이 간간히 석여서 같이 지나간다. 소는 가끔 소변이나 대변으로 실례를 해도 모두들 아무런 불평도 없고 무관심속에서 통과한다.

신기한 것은 차와 사람이 뒤죽박죽 어울려 가는데 차가 사람의 보행속도에 맞춰간다. 답답한 마음을 느끼면서 큰 사거리를 한번 통과 하는데 상당한 시간을 허비 했다. 20분은 걸린 것 같다. 시간을 다투며 사는 사람은 없는지 빨리빨리 문화에 길들어진 나는 짜증스러웠다. 이곳에 사는 사람들은 쓸개를 버리고 사는지 편하게 지나는 모습이다. 넉살좋은 인도사람 가이드는 그래도 교통사고나 불상사도 없이 잘만 다닌다며 자랑스럽게 웃는다. 문명의 발달은 아무데서나 이루어지지 않은 것인가? 오랫동안 생각을 하고 상당한 고민 끝에 깨닫는 것이 있었다. 힌두교에서 소는 영물이요 또한 교통법규를 지킬 수 없으니 아예 신호등 설치를 안했을 것으로 생각했다. 그런 고귀한 뜻인지 그 때는 생각하지 못했다.

또 다른 경험을 했다. 1978년도 여름에 서울에서 차 운전을 할 때다. 신세계 백화점에서 화신 백화점으로 향하는 남대문로를 따라 가다가 을지로 교차지점에서 우회전 할 때다. 빨간 신호등 앞에서 정지했다. 그런데 그런 신호등일 때 우회전을 하려고 하면 신호등이 켜지자마자 보행자가 물밀 듯이 오고 가고 한다. 우회전을 하려고 하나 밀려오는 인파 때문에 어찌 할 수가 없고 당황하며 정지하고 있었다. 미국에서는 보행자는 우선권이 있으며 차는 무조건 양보하며 기다린다. 보행자의 교통위반은 내가 시시비비 할 것이 아니고 교통순경의 몫이다. 그런 습관에서 운전하다가 한국의 운전의 상황은 너무도 다르다. 한 차례 신호등이 다 꺼질 때 까지 기다리니, 뒤차는 계속 빵빵거리며 고함을 친다. 뭐 내가 무엇을 잘못했는지 하며 마음속으로는 그들을 욕했다. 참으로 난감한 순간이다. 왜 이런 때는 교통순경도 없을까? 한 숨을 쉬었다. 나도 더 이상 어찌 할 수 없었다. 그린 신호등이 다시 켜질 때 지렁이가 기어가듯 천천히 밀면서 우회전 하니 보행자는 아무 반응 없이 비켜주며 서서 기다린다. 한국에서 운전하는 관행법이다. 지옥에서 빠져나온 느낌으로 소름이 끼친 경험을 했다. 어떻게 하면 원활한 신호가 될 수 있을까? 생각을 많이 했었다.

그런데 웬일이냐? 헐리우드 복잡한 사거리에 명물이 등장했다. 새로운 교통 신호 방법이다.

보행자 신호와 차량 신호를 완전히 분리하는 것이다. 그린신호에 차가 운행 할 때는 직진이나 우회전을 마음대로 할 수 있다. 차만 사용할 수 있고 보행자는 절대로 해서는 안 된다.

이전에는 직진하는 보행자와 우회전하는 차량과 서로 중복이 되여 가끔 말썽이 되고 또는 분리 되는 곳도 약간 있는데 이곳에서는 시원하게 해결이 되었다.

또한 보행자가 사용할 때는 모든 차가 동서남북 모든 방향에서 올 스톱이다. 이때 보행자는 앞으로 옆으로 혹은 대각선으로 마음대로 운동장에서 같이 움직일 수 있다. 보행자 신호는 30초 정도다. 전체적으로 한번 턴 오버하는데 3분 정도다. 누가 고안하였는지 알 수 없어도 큰 공을 세웠다. 아주 차분히 잘 정리된 신호 방법이다. 그런데 한 달 후쯤 UCLA 교정을 방문할 기회가 있었다. 그곳에서 똑같은 신호체제를 보았다. 이미 사용되고 있었다. 이곳에서는 언제부터 사용했는지? 누가 먼저 사용했는지? 알 수 없다. 보행자가 많은 곳에서는 적합한 신호 방법인가 속으로 생각해본다. 세상은 그렇게 시시각각으로 발전하고 성장하고 변하고 있다. 아름다운 세상이다.

누군가의 새로운 창조자에 의해서 우리 모두에게 편리함을 제공하니 그런 것에 고마움을 느낀다. 나의 생각으로는 서울에서 먼저 이 방법을 사용했으면 하는 바람이다. 고국은 언제나 내 편이기 때문이다. 안전하게 통과하는 새로운 교통 신호를 보면서 세상은 항상 변한다.

* 오토샤: 자전거를 이용하여 만든 삼륜차, 앞에서 운전하고 뒤에는 두 사람이 앉을 수 있는 의자가 있는 자전거.

3 고사리 손 티파니의 강강술래

고사리 손 티파니의 강강술래

추석 전야제라고 해야겠다. 손녀 티파니의 학교에서 강강술래가 있었다.

나는 초대 손님으로 가서 추억과 기쁨이 출렁이는 가슴 벅찬 경험을 하였다. 미국에서 처음 보는 민속놀이였다.

강강술래!

노래와 춤이 어우러져 펴진다.

느린 가락으로 시작한 노래가 점점 속도가 빨라지며 소리도 높아진다.

걸어가다가 뛰면서 그러다가 빨리 달리면서 노래한다.

오른 손은 앞사람의 왼손을 잡고 왼손은 뒤 사람의 오른손을 잡고 둥글게 돌아가며 신명나게 춤을 춘다. 목이 터지도록 힘을 다해 노래를 부른다.

그칠 줄을 모르고 계속 반복 되어도 지루함이 없다.

처음에는 작은 2개의 원이 있더니 지금은 큰 원이 하나로 되었다.

리더는 선창하고, 나머지 모두가 후렴을 따라한다

. "달 떠온다. 달 떠온다. 강강술래.
동해동천 달 떠온다. 강강술래."

문화와 전통은 하루아침에 갑작스럽게 형성되지 않는다.
세월의 흐름에 따라 풍습 습관 등에 의하여 민중의 생활에 기반을 두며 자연 발생적이다.
때문에 잡초처럼 끈질긴 자생력을 갖고 있는 것이다.
민속놀이 자체에 특이성이 있다.
도취된 군중 심리로 신나게 춤을 추는 것이다.
누구에게도 쉽게 동화되는 민요의 장점이다.
그것들은 오래전부터 구전되다가 터를 잡은 것이다.
추석에 강강술래는 가무요 또한 집단 무로써 즐기는 것이다.
임진왜란 때는 기만전술로 여성들을 남자 옷을 입고 횃불을 들고서 밤 세워 노래를 부르며 산을 빙빙 돌았다고 전한다.
적군에게는 아군의 수가 많은 것으로 오판 하는 일화가 있다
검은 치마와 흰 저고리를 입고 댕기머리에 각선미의 모습은 이제는 실루엣으로 남아있다.

그런 강강술래가 성조기가 있는 미국 초등학교 체육 강당에

서 되살아나 모두들 즐기는 모습으로 부르고 있다.

언어 풍속 문화가 다른 로스엔젤레스 카운티 글렌데일 교육구에 속한 이중 언어 학교다.

어린 고사리 손이요 철부지 일학년 학생들의 모습이다.

이중 언어 정책으로 미국정부의 특별한 지원을 받아 이 지역에서 한글 교육 학급이 운영된다. 50%는 한국어 수업 50%는 영어 수업이다

타민족 학생들이 한국어 학습을 위해 많이 지원 한다.

이런 때 한국인으로써 국가의 위상을 느끼고 자부심을 갖기도 한다.

언어는 어린 시절 그 토양과 동화 하면서 배우면 기억력이 강하게 보전되는데 참으로 좋은 이중 교육 정책이다.

한국계 선생님은 한글은 물론 습관 풍속까지 가르치며 우리 문화를 선양 한다.

한글의 우수성은 세계에 이미 알려진 사실이다.

유네스코 언어학 심사에서 두 번이나 금 매달을 획득했다.

영어 글자 알파벧은 삼등인 동 매달 수준 이다.

더구나 컴퓨터의 한글 표기는 속도감이 빨라 점점 가치를 나타낸다. 일본어나 중국어는 아무리 발버둥 쳐도 한글을 따라올 수가 없다.

앞으로 컴퓨터에 나타난 한글의 두각은 점점 우월성이 입증된다.

그 일등의 금 매달 주역은 우리의 성군 세종대왕이다.

손녀 티파니가 초등학교 입학 후 첫 추석 명절이다.

미국의 학교에서 무슨 추석명절이냐?

반문하겠지만 이 학교에서는 엄연히 추석 명절행사가 있었다.

한국의 국제적 지위가 향상 때문인지 혹은 한글의 우수성 인지 미국정부지원으로 한국어 학급이 신설 되어 25명씩 두 학급이 운영되고 있다.

학급 전체가 한복을 입고 춤을 추며 공연을 하고 다과로 송편을 먹었다.

두 시간 정도 진행 되였지만 즐겁고 흥이 있고 한국인의 자긍심을 자랑했다.

한국계 학생은 학급의 절반이 못된다.

다민족 국가임으로 백인 계 흑인계 라딘 계 등 다양한 민족의 혼합이다.

학급 모두가 한복을 입은 모습은 그 자체만으로 의미가 뚜렷하다.

한복을 입은 그들은 모두가 하나같이 한국인으로 보인다.

키가 크고 작고 혹은 뚱뚱이나 홀쭉이나 상관없다

한복 바지저고리의 융통성은 허리띠 하나로 다 조절 되었다.

고유의 한복이 시대 유행의 변화로 약간 변형도 되고 색상도 울긋불긋 다양하며 화려하다.

정성스럽게 만든 옷들을 모두들 하나씩 받아 입으며 깔깔 웃는다.

의상 쑈나 진행 되는 듯 서로 쳐다보며 웃는 모습들이 더 아름다웠다.

키가 큰 티판이는 힐긋힐긋 우리를 쳐다 보며 수줍은 모습이다.

이중 언어 선생님들은 도움을 주느라 분주하다.

곱슬머리의 흑인소녀가 머리에 노랑 핀을 곱고 눈을 두리번거린다.

백인 소년은 자꾸만 저고리 소매를 늘어뜨리며 소매 길이를 맞추어 본다.

한복을 다 입은 전학생이 우르르 체육관으로 간다. 방문자들도 뒤를 따르며 강당을 채운다.

추석 전전날 오전 9시경이다.

가족들이 초청 되어 많이 참석했다.

모두가 정리되니 한국계 여자학생이 유창한 영어로 환영사를 한다.

다음 백인학생이 뒤를 이어 한국말로 또박또박 참석을 축하한다며 인사말을 한다.

학생들은 좌우편 양쪽에서 각각 줄을 지어 무대 위로 오른다.

원을 그리며 강강술래 노래가 시작된다.

노래를 계속 합창하면서 무대를 돌고 있다.

흥에 겨운지 그칠 줄을 모르며 속도가 빨라지고 리듬에 맞추어 뛰는 것이다.

이곳은 노래를 잘하기 위한 경영대회가 아니다.

뛰고 놀며 마음껏 부르는 민속놀이 무대다.

지구 반대편인 조국 한국에서는 지구촌의 곳곳에 한국의 넋이 살아있다는 것을 보면서 얼마나 기뻐할까?

같이 부르기 쉬운 우리의 민속놀이에 자부심을 느끼고 긍지를 느낀다.

리듬 곡조 틀려도 상관없다. 가사가 틀려도 무방하다

정정 당당하게 찬란한 문화의 유산을 즐기며 기뻐하는 것이다.

모두가 한국의 얼을 심고 우리고유의 민속 가락을 마음으로 힘껏 부르는 것이다. 울려 퍼지는 노래 소리가 강당을 꽉 채운다.

힘껏 불러다오, 마음껏 즐겨다오, 그것이 애국이다.

애국은 거창하고 품위 있고 뽐내는 곳에 있는 것이 아니다.

그것은 바로 이곳 아주 평범한 곳에도 많이 있다.

티파니를 쳐다보니 마음이 대견스럽고 뿌듯했다.

정선 장터

몇 해 전에 강원도 정선이라는 곳에서 민박을 했다.

시골 국도나 혹은 지방도로를 따라 운전하다 보면 여행객을 위해 #민박합니다# 라는 간판이 보인다. 내 조국 내 나라를 여행하기 때문에 두려움도 없고 조금 불편하여도 참고 못 마땅해도 추억이 되어 기분 좋은 여행이었다.

해가 거의 기울고 어둠이 으슴푸레 닦아오는 시간이다. 시골 마을에 도착하니 그날이 장이 서는 날이었다. 재래식 시골 장은 오일 만에 한번 씩 선다. 알고 보니 정선 시골 장은 이름이 꽤 알려진 장터다. 시골 장은 옛날부터 우리 경재 활동의 시작 이었다. 물물교환의 시대부터 지금까지 하나의 상권을 형성하였다. 장터의 풍경은 정이 깃든 곳이다. 어지럽게 흩어진 좌판들 진열장도 없이 땅 바닥에 펴 놓은 상품들 또는 바구니에 상품을 담아 놓고 옆에서 쪼그리고 앉아서 물건을 파는 할머니들 옛날에 보았던 그 모습 그대로다.

약장수는 애들은 가라하며 천하제일의 명약을 판다. 발은

북을 차고 손으로는 아코디온을 입으로는 구성진 뽕짝을 노래하는 일인 삼역 그 풍경 그런 장터가 생각난다. 이렇게 장터는 이해관계만 형성되는 것이 아니다. 이야기를 주고받는 공회당이요, 또 퍼렇게 핏대를 세우며 싸움도 하고, 어떤 곳은 박장대소하며 웃기도 한다. 그야말로 우리의 마음과 정이 깃든 곳이다. 척박한 것 같아도 순수한 우리문화의 본 바탕이다. 사고 팔 것이 없어도 장으로 가서 눈으로 보고 귀로 듣고 자기의 견문을 넓히는 학교 같은 장소다.

할머니가 바구니에서 나물을 만지작거리다가 우리 일행을 보고 내 앞으로 와서 나물바구니를 내민다. 피카소가 마더 태레사를 그렸다면 저렇게 그렸을 것이다. 살은 없고 뼈에 살갗만 겨우 입혀져 있었다. 얼굴이 너무 쪼글쪼글하고 갈퀴 같은 손은 힘줄이 뚜렷하다. 사람이 나이 들면 저렇게 되지만 그냥 보기에는 아쉬움이 많다.

나물을 보여 주며 사달라고 보챈다. 어찌 생각하면 강매하는 느낌이다. 해는 지고 어둠은 깔리고 안타까워하는 모습이다. 마지막 손님을 꼭 붙잡고 싶은 심정이다. 장이 파하면 태풍이 휩쓸려 지나간 자리처럼 을씨년스럽다. 탠트를 쳤다가 말뚝을 빼고 걷어치우면서 불만스런 소리가 터져 나온다. 몇 해 전부터 시골 장에 서울에서 자가용 족들이 들어와 여기저기 활개치고 다니며 유세를 부린다는 것이다.

할머니가 어렵게 자연산 산나물을 캐 갖고 나왔는데 쥐뿔도 모르면서 이것 중국산이지 라고 단정지우면서 마음에 상처를 준다는 것이다. 하루 종일 속이 상해서 장사고 뭐고 다 싫다는 것이다. 가만히 있으면 중간이나 가지 왜 그렇게 자기 무식을 폭로하면서 남의 속을 뒤 집는지? 그러므로 자연이 억세게 되고 서울 양반 자가용이면 으레 반감부터 생긴다는 것이다. 오늘은 진짜 산나물이여서 값도 적당했는데 도대체 흥정이 안 되었다고 푸념을 한다.

세상은 이렇게 선과 악이 구별되지 않고 굴러가니 선한 할머니는 악의 구렁이에서 나오지 못하고서 오늘도 힘든 하루를 지낸 것이다. 옆에 지나가는 나를 보고서 몽땅 내밀며 얼마라고 말하는 것이다. 하루 종일 바람에 시달려 얼굴빛이 노랗고, 흰 머리 몇 가닥이 동여맨 머리 수건에서 삐져나와 바람결에 휘날린다.

여유 있게 지폐 2장을 드렸다. 거스름돈을 주겠다며 옆집으로 간다. 할머니를 부르며 되었다며 잔돈도 할머니 것이라 하니 눈을 크게 뜨며 어리둥절해 한다.

비닐봉지에 담아주며 고맙다는 표시를 연거푸 하며 그 자리에 서 있다.

나는 정상 가격보다 더 지불했어도 기분이 좋았다. 산속에서 자란 나물이 어찌 그렇게 흔한 물건인가? 백화점에서 겉모양 포장지만 번들하고 속 알맹이는 부실해도 예쁜 손으로 건 내며 잎가의 미소로 쳐다보면 아무 말 못하고 많은 돈을 지불하며 바보짓을 할 뿐이다. 그 가격보다 더 지불하였어도 기분이 좋을 것 같다.

할머니는 하루 종일 무었을 생각했을까? 허무 하게 지나버린 삶들, 어떻게 할 수 없이 산골에서 허리 굽혀 일생동안 일만하다 늙어 버린 삶, 그러나 할머니는 오늘 우리 에게 선한 일을 선물 했어요, 그래서 나도 할머니에게 보답 하고 싶어요, 할머니는 요새 구하기 힘든 자연산 나물을 나에게 주었습니다. 어찌 쉬운 일입니까? 나는 마음이 뿌듯해요 다시 옛날로 돌아가서 순박한 우리의 인정에 젖어 살았으면? 너와 내가 아니고 오직 우리만이 존재했던 그런 날도 있었을 것이다. 정선 장터에서 할머니의 얼굴에 순간이라도 잔주름이 펴졌으면 한다.

소나무 가로수

아름드리 소나무 가로수가 심어져 있는 길을 지날 때 창문을 연다. 맑은 공기와 독특한 솔 냄새가 가슴 속까지 씻어준다.

하늘을 항해 뻗은 나무 키는 백여 년의 세월을 말한다. 두터운 소나무 껍질은 나무를 보호하기에 충분하다 그 속엔 샐수 없는 나이테가 세월을 말하고 있을 것이다.

로스엔젤레스에서 2번 후리웨이를 북으로 달리다. 마운틴 길에서 내려 일분 정도 내리 막 길을 달리면. 큰 소나무가 좌우로 있다. 구부러진 길을 따라가면 조용하고 포근하며 어린 시절에 산사의 입구를 들어서는 기분이다.

이 지역은 전통을 살리기 위하여 도시 계획 국이 역사 보존지역으로 지정했다. 시대의 새로운 변화 보다는 과거 있는 그대로 보존하여 후손들에게 물려 줄 수 있게 하였다.

흘러간 과거는 아름다운 것이다. 힘이 들고 어려운 한경 이였어도 지나간 것은 역사이고 추억이다. 아름답게 하늘을 향하여 쭉 죽 뻗은 소나무의 키는 .60자 혹은 70자 또는 100자에 가까운 웅장한 모습이다. 새로운 세계를 향하는 기상이며 내일을 위한 도전으로 정상을 향하여 뻗어있다.

백여 년을 한 결 같이 똑 같은 모양으로 같은 장소에 서 있다. 기권도 없이 오직 하나 꿋꿋한 정신으로 하늘만 향하여 뻗어나가는 식물 특유의 어떤 유전성 일까?

한국의 소나무는 바위틈에서도 뿌리를 박고 자라며 인내와 강인함을 나타낸다. 충신의 절개요 세속을 떠난 선인의 고요한 마음도 함축 되어 있다. 이곳 소나무는 곁 가지는 가늘고 몸통은 굵다. 웅장하고 거대한 모습이다.

이지역의 길에는 목련이 심어진 거리, 자카란타가 있는 길, 또는 올리브 나무, 길도 있다. 이름을 모르는 가로수도 많으나 소나무 가로수는 유난히 키가 커서 터널을 만들고 있다.

나무 밑에는 솔잎이 떨어져 있다. 갈색이다. 한때는 그 나무와 함께 푸른 녹색으로 청청하며 솔잎의 역할을 다하며 공생공존 하였다. 이제는 때가 되어 나무로부터 땅에 떨어진 상태로 자연의 질서에 따른다. “달이 차면 기우나니” 시조의 한 수가 생각난다.

역할을 다하면 옷 색도 갈색으로 변하여 스스로 떨어져 준다. 새로운 잎이 밑에서 밀고 올라오니 양보 한 것이다. 희생이라 할 수도 있다.

마른 잎사귀를 만지고 싶다. 바삭 거린다. 굽힘이 없다. 그냥 부서져 버리고 만다. 한 낱 먼지가 되어 날아간다. 거칠 것 없이 날아다니다가, 또 다른 식물의 밑거름이 되어 새나무를 자라게 할 것인가? 끝없이 이어지는 윤회의 삶이다.

소나무 가로수는 1마일 이상 이어 진다. 빽빽한 곳은 삼사 미터 간격 이고 어떤 곳은 이 삼십 미터 간격이다.

나는 소나무가 만든 터널을 걸어간다. 머리위에 저희끼리 어울려 정다운 대화를 나누는 것 같다. 기분 좋은 길이다. 소나무 상징은 불변함이다.

정상의 길은 영광의 길이요. 또한 고독의 길이다. 만들어진 길이 아니요, 또한 만들면서 가는 길이다. 누구에게 묻지도 못하며 넘어지면 오뚝이 같이 다시 일어나 가는 길이다

응접실 에서 커텐을 열면 이백여 미터 지점에 앞 집 지붕 위로 두 그루 소나무가 보인다.

백여 년이 지난 지금의 나이가 아직도 청춘인지 노년인지 모르겠다. 항시 초록색으로 단장하고 있으니 청아한 모습은 변함이 없지만 그 생명의 여정이 어디쯤 와 있는지 알 수가 없다.

오른 쪽 벽난로 위에 선반에는 가족사진들이 놓여있다. 해를 거듭 할수록 현실의 모습과는 다르게 보인다.

나이를 먹어도 소나무처럼 한결 같으면 인류 역사는 달라졌을 것이다. 인간은 쉬 변함으로 더디 변하는 소나무를 나는 오

래도록 좋아 할 것이다.

변화되는 모습이다. 변화는 성장도 의미하지만 지나친 변화는 염려스럽다. 키도 자라지만 마음도 시류 따라 달라진다. 소나무처럼 나이를 먹어도 한결 같으니 우리는 너에게도 배울 것이 너무 많구나?

격전지 월남의 하늘을 나르다

1970년대 여름 나는 월남전쟁에 참가했다. 나는 육군 조종사다. 주로 전선에서 정찰임무를 했다. 우리 부대는 월남 중부지역 퀴년에 주둔하고 있었다. 태평양 해안도시다.

그런데 특별한 임무가 있었다. 정보 참모가 작전회의 때문에 푸래이크를 가는 것이다. 푸래이크는 미군 군 사령부가 있는 곳이다. 월남 서쪽 캄보디아 국경 근방에 있다. 어떤 임무도 주어지면 이유 없이 수행하는 군의 절대 복종이다.

퀴년에서 푸레이크로 향하여 나르는 중이다. 비행기 속도가 느려서 밑에 땅을 내려다보면 산등성이가 천천히 지나간다. 끝없이 넓고 낮은 산들이 평지 같이 보이고 키가 크지도 않은 나무들이 가득한 산하를 내려다보면서 비행기는 날고 있다. 인간의 손때가 묻지 않은 저곳은 마을도 없고 길도 없는 태초의 에덴동산 같은 곳이다.

일기가 청명하여 잔잔한 바다 위를 미끄러지는 요트같이 비행기는 흔들림 없이 날고 있다. 양쪽 날개 끝에는 구름 한 점

없는 맑은 하늘이다 수만리 떨어진 이국의 하늘에서 고국의 하늘과 똑 같은 정취를 느낀다. 그러나 내 고국이 아닌 적군의 지역 상공에서 날고 있었다. 밖을 쳐다보면 아름다운 산천초목은 전쟁이라는 포화를 모르는 듯 내 고향 산과 별 다름없이 보인다. 원래 105마일의 항속으로 4시간을 날수 있는 이 단발기는 거의2시간을 비행했다. 임무가 약간 씁쓸하다. 기지에서 목적지 까지는 두 시간의 항속거리다. 방위 270도. 서쪽으로 기수를 돌려 적군지역을 왕복 4시간의 비행이다. 기지에서 떠나 10마일만 지나면 우리의 작전지역 밖이다. 아군 지역에서는 어떤 사고가 일어나도 불시착이라는 최후의 수단으로 보호를 받을 수 있다. 그러나 현재의 임무는 그런 것이 전혀 없는 상태에서 비행기의 안전운항만 바라는 것이다. 뒤의 탑승자는 아무런 말이 없이 땅만 내려 다 보고 있다. 그 마음에 만 가지 생각이 엇갈리고 있음을 짐작해본다.

더우면 통풍구를 조절하라며 알려 주었다.아무리 더운 날도 고도 5000 피트 이상만 오르면 지상과 섭씨 10도 이상 차이여서 시원하다. 매 1000 피트마다 2도의 차이다. 대형여객기와는 달리 단발항공기는 관광하기에 적격이다. 태초에 조물주는 공평하였으리라 믿는다. 그런데 왜 전쟁이며 외국의 간섭이며 등등의 이유로 이곳에는 싸움이라는 전쟁이 그치지 않는다. 내려다보면 똑 같은 산이요 강이요 나무들이다.

현제 105 마일의 순항속도로 알피엠 2150의 수평 비행중이다. 엔진의 소리가 고르게 들린다. 비행 중에는 청각이 예민해진다. 소리로써 엔진 상태를 알 수 있다. 강풍이 앞에서 불면 비례하여 엔진소리도 다르다. 눈으로는 계기판을 확인하기 때문에 떠날 수가 없다. 온 몸의 모든 감각기관이 다 동원 되여 비행기를 조종한다. 항로 중에 큰 산이 있으면 반듯이 기류에 이상이 있음으로 대비한다. 그날의 날씨에 따라서 직진이나 우회를 결정한다. 구름의 종류에도 여러 가지 있지만 깃털 같은 구름은 별 영향이 없다. 그러나 목화 솜 같은 뭉게구름은 조종사에게 반가운 친구는 못된다.

한번은 구름 속을 비행하다가 망신을 당했다. 구름 속 비행은 안계 속을 한동안 비행하다 밝아진다. 구름의 크기에 따라 비행시간이 비례된다. 비행기도 오래 타다 보면 은 타성이 생긴다. 인간의 조급함이나 혹은 안이함이다. 뭉게구름은 자체 내에서 회전하기 때문에 진입을 하면 기채는 요동을 친다.

그 때는 남쪽에서 북으로 비행중이다. 강원도 홍천 근방의 일명 낙타 등이라는 산을 통과하는 항로다. 구름이 삿갓같이 덮여 우측으로는 태백산 까지 연결 되여 있다. 잔뜩 찌푸린 날씨다.

착륙 까지는 15분의 항속시간이 예정되었다. 나는 직진하기로 했다. 이것은 모험심도 아니요 일종의 조급성의 습관이다. 진입을 하니 안개 속처럼 깜깜하더니 기채가 정신없이 요동을 쳤다. 점점 더 깜깜하며 검은 먹구름이 온 천지를 감싼 것 같이 느낀다. 모든 계기의 바늘들이 요란스럽게 움직이고 모든 신뢰는 떨어지고 나의 생각도 의심이 든다.

*카우링에 비치는 빗방울은 점점 커지고 엔진소리는 최후의 발악처럼 찢어지는 소리로 들린다. 모든 방향감각 시간감각이 혼동을 준다. 이런 때는 경험에 의한 본능뿐이다. 북으로 계속 비행하면 휴전선을 넘어 월북이 염려되고 고도가 떨어지면 높은 산에 부딪칠 수 있다는 불안감이 든다. 때문에 고도를 높이기 위해 상승비행을 했다. 기수는 서쪽으로 돌렸다. 구름의 두터움은 알 수 없이 한동안 비행했다. 실제 헤매는 시간은 10분 정도 이였으나 더 긴 시간으로 느껴지며 등골이 서늘했다. 구름이 걷히고 땅이 보이기 시작했다. 이런 때 당황하지 말고 침착하라는 그토록 힘든 훈련과정이 떠오른다. 그런 훈련이 나를 지탱했다. 다행이 지형이 쉽게 익숙한 남한강 북한강이 분리되는 양 수리 지역 이였다. 기수를 돌려 무사히 귀대했다.

월남의 하늘은 맑고 구름 한 점 없다. 관광 비행이라면 최적의 상태일 것이다. 10여마일 상공 밖에서 착륙허가를 송신한다. 도시만 보아도 나는 살았구나 하는 안도의 한숨이 나온다.

어머니가 나를 안으려 하는 듯이 도시 전체가 정다워 보인다. 착륙허가를 얻어 장주에 진입했다. 동체가 땅에 접지 하는 순간 스틱을 풀백하고서 감속하면서 활주로를 달린다. 하늘에서 무사히 지상으로 돌아왔다. 모든 것에 감사해야한다. 범사에 감사하란 말이 가슴을 찌른다.

격전지 월남에서 순간순간 긴장의 연속이 진정 삶인가?

* 카우링 . 조종석에서 밖으로 보이는 유리창

내 고향 덕산

고향은 언제나 어머니 품속 같은 느낌이다.

따뜻한 온돌방 아랫목 같이 포근하다. 나는 고등학교를 졸업하고 대학을 진학하면서, 떠난 고향은 영영 멀어졌다.

그러나 한순간도 고향은 마음속에서 떠날 줄 모른다. 오밀조밀한 기억들이 지겹도록 거머리 같이 붙어 있다. 울적하거나 괴롭고 힘들면 더욱 선명히 부각되는 것이 고향 이였다.

내 고향은 논과 밭으로 둘러싸인 호남평야 곡창지대이다.

야산이 불룩 올라와 있다. 어린왕자 책에서 있는 보아 구렁이의 엎드려있는 모습이다. 200호가 넘는 가옥이 있었으며 80%가 한 성씨를 갖은 집성촌 이였다 .

야산의 동편과 서편에 커다란 당산 나무가 부체 모양으로 자리 잡고 있었다.

잎들이 무성하며 먼 곳에서도 잘 보여 마을의 상징물 이었다.

마을 뒤에서 남쪽으로 강물이 흘렀다. 영산강 지류의 극락강 이다. 광주와 송정리 사이에 극락강 정거장이 있다. 우리 마을에서 약1km 떨어진 지점이다.

다른 사람은 죽어서도 가기 힘든 극락을 나는 어린 시절에 살았으니 참으로 축복을 많이 받은 운명인 것 같다.

강물은 맑았다. 물속을 드려다 보면 거울 보다 더 맑게 내 얼굴을 볼 수 있었다. 모래무지 날치 붕어 피라미 그리고 이름 모를 고기들도 있었다.

은빛고운 백사장은 누가 그리도 곱게 체질 하여 뿌려 놓았는지 아마 신도 감탄할 지경이다. 명사십리는 못 되어도 우리에게는 넓은 지역이고 해수욕장이 필요 없는 마을 이였다. 친구들과 백사장을 걷다가 모래위에 털썩 주저앉으면 바로 그 자리가 안방이요 응접실이요 놀이 터다. 물속에서 헤엄치며 멱 감았던 시절, 흑갈색으로 그을린 몸통을 보이며 뛰어놀던 백사장의 풍경들, 야산에 올라 황금 들판을 바라보며 꿈을 꾸었든 그런 곳 이였다.

음력 정월 대 보름날 큰 나무에 당산제를 지냈다. 품행이 올바르고 정직한 사람을 공론에 의해서 재주로 뽑는다. 청결한 몸으로 풍습에 따라서 재주 일을 한다.

특이한 민속 신앙으로 마을 전체가 일정한 규율과 질서에 따랐다.

사물놀이 농악대가 울려대며 제주 뒤를 따른다. 농악대는 순수 마을 사람들로 구성된다. 금년에도 무사히 농사 잘 되게 하여 달라고 기도를 드렸다.

당산제가 끝나면 농악대는 가가호호를 방문하여 마당. 부엌, 장독대를 돌며 집신 밟기를 한다. 그 집의 평안과 풍년을 기원한다.

한집도 빼 놓지 않고 모두마치면 그 다음날 까지 계속 된다.

그 때는 미개인의 풍속이요 미신이라 하며 어른들에게 반항도 했다. 지금생각하면 민속놀이로 꼭 필요한 것이며 조상들의 지혜에 감탄할 뿐이다.

이런 기억들이 사라 질수 없는 고향의 추억이다.

그때 고향 우리 마을에서 지각변동이 일어났었다. 어찌 보면 마을 혁명이었다. 이것은 내 인생행로에 엄청난 영향을 끼쳤다. 625 전쟁 중 어려운 시절인대도 독서 향상 회를 조직했던 것이다. 30명의 회원 이였다. 우리는 서로가 형제요 자매요 아저씨요 조카요, 할아버지요 손자다. 오 씨 문중의 유기적인 공동체였다. 내가 아니고 우리라는 개념에서 선배가 주축이 되였고 중학생 이상이면 의무적으로 가입했다. 그 당시 나는 중학교 일 학 년 시절 선배들은 고등학교 일년생이다. 4년 차이다. 선배들은 학교 선생보다 더 엄격했다. 옳은 일은 항상 힘이 든 것이다. 그 선배들에게 지금도 고마움을 느낀다.

1차 목적은 책을 구입하여 도서실을 운영했다. 회원은 책 한 권 값을 가입비로 냈다

첫 출발이 50권의 소설책이 모여 도서실에서 책을 빌려 읽었다. 그 당시 시골에서 도서실이 어떻게 운영 되었을까? 생각하면 기적 같은 것이다.

집안 뜻있는 어른이 큰 사랑방을 무료로 사용하게 하였고 여유 있는 집에서는 경제적 지원도 했다. 회원 모두는 농번기 때는 모도 심고, 가을에는 벼 배기를 했다. 우리는 집단으로 농사일을 도왔다. 그 수입으로 책을 구입했다. 동내 어른들은 우리들을 칭찬하며 격려도 했다. 한 달에 한번정도 토요일 저녁에 모였다. 독후감도 발표하고 건의 사항도 말하고 회의를 했다. 어린나이에 수줍음이 많아 얼굴을 붉히며 내 생각을 발표했던 기억이 난다.

자치적으로 운영한 결과 3년 후 500권의 책을 마련하였다. 다른 동네에서는 우리 독서회를 무척 부러워했다. 덕택으로 모두들 책을 많이 읽고, 교양을 쌓았다. 책을 읽고 나면 꼭 독후감을 써 내야 했다. 이것이 오늘날 나에게 글을 쓰게 만든 동기가 되었다고 생각한다.

그 당시 소설 흙, 상록수, 청춘극장 등은 인기가 하늘을 찔렀

다. 모두 다 읽은 소설이다. 정비석의 자유부인은 그로부터 3년 후에나 출판된 소설이다.

내가 고향을 떠난 후 상당한 기간 동안 더 계속 되었다 한다.

세월은 쉬지 않고 지나갔다. 몇 번의 십년이 지났다.

그때는 불모지 같은 야산이 지금은 고층 아파트며 무슨 공단이며 빌딩숲을 이루어 모든 지역이 건물로 뒤덮여있다.

유유히 흐르는 극락강물은 상류 지역에서 광주광역시 수도용으로 사용하여 강바닥이 자라 등같이 갈라져 장마 때만 강물이 흐르는 흔적이 있다.

젊은 시절 고향을 찾을 때는 모두들 낯 익은 얼굴로써 나를 환대해주고 정담을 나누었으나 지금은 모두들 어느 곳에 있을까?

낯이 설다 나를 기억하는 사람은 누구일까?

지구를 돌고 또 돌면서 격변의 시기를 살았던 우리의 세대들이다. 땀 흘려 살았고 고통도 참았다. 그래서 고향은 더 그리웠다. 당산 나무는 수령이 200년 넘어도 그대로 있다. 나는 나뭇결 같은 손을 주무르며 당산제를 마음으로 그려 본다

고향은 왜? 따뜻한 어머니 품속 같기만 할까? 내가 좀 모자

라도, 조금 잘못해도, 못 생겼어도, 어울리며 탓하지 않은 곳 그곳이 고향이다. 이 모습 그대로 받아드리며 나를 반길 것이다. 이국 삶에서도 고향 덕산 과 당산나무는 더 커다란 존재로 소나무의 옹이 같이 단단히 마음속에 자리 잡고 있다. 극락 강물은 맑았다. 물속에서 모래무지가 모래 속에 고개만 처박고 숨어있다. 내가 밟으면 간지럽게 꿈틀거린다. 머리부터 모래를 쌓으며 손으로 잡는다. 이 우매하고 순진한 고기를!, 고향은 솜털같이 부드럽다. 마음속으로 불러본다.

"덕산아" "덕산아"

선진국 노르웨이

북 유럽 노르웨이를 여행할 때 첫 느낌은 아주 인상적 이였다.

정리 정돈이 잘 되어 있다. 깨끗하다. 조용하다, 복잡하지 않다, 급하지 않고, 여유가 있다. 시민들의 얼굴은 순수하고, 포근한 인상이다. 서민 적이며 보통 수준이다.

지형은 산이 많아 좁은 협곡이요, 섬이 많아 해안선이 길고, 평야가 적은 국가다. 도로는 지형이 좁아서 협곡을 따라 통과함으로 많은 터널을 이용하여 만들어졌다. 어려운 자연 환경을 극복하고 잘 이용하여 선진화를 이루었다. 국토면적은 한국에 비교하면 거의 3배이고 인구는 하나의 직할시 정도인 450만 이다. 어떤 시설은 전 근대적이요 촌스러운 것도 있다. 그런데 지구상에서 가장 살기 좋은 곳이라 한다. 행복 만족도가 세계의 상위권이며 GNP 도 최상의 선진국이다.

도시 주택지는 일차선의 일방통행의 좁은 길이 많다. 어떤 도로에는 전신주가 없고, 양쪽 건물 2층에서 도로를 가로 지르며 전선줄이 처져있다. 약간 굽은 활 같이 늘어져 있는 모습이 빨랫줄 같다.

줄을 따라서 도로의 중앙에는 덮개가 달린 전등불이 달랑달랑 매 달여 있다. 동하책 속에서 본 듯한 풍경이다. 바람 부는 날에는 종소리를 내며 흔들릴 것만 같다. 저마다 다른 색깔로 반짝이는 호롱불을 상상해 본다.

그것이 가로등 이다. 어떤 정취를 살리기 위해 일부러 그렇게 만든 것처럼 보이기도 한다. 옛것은 다정하고 정겨울 뿐 불편함은 전혀 없다. 도로는 전신주가 없음으로 더 넓어 보인다.

하필이면 우리 집 담벼락 이야, 앞집이나 뒷집이면? 떠들어대는 불평은 없을까? 모두가 내가 아니고 우리를 중요시 하는 국민일까? 서로 협조하여 시설을 했을 것이다. 그러고 보면 공동 의식이 강한 민족이다.

거리에는 자전거가 많이 다닌다. 단거리에서는 자전거가 대중 교통수단이다. 출 퇴근 시간에는 홍수처럼 가고 오는 것이다. 자가용 승용차는 자전거를 탈수 없는 신체 장애자가 주로 이용한다. 일반인이 자가용을 안타는 가장 큰 이유가 공기 오염 때문이라고 말 한다. 자전거와 함께 버스도 탈수 있다 한다. 대중의 불편을 덜어주는 교통 정책 이다. 고급차를 타고 뽐내고 싶은 마음은 왜? 없을까? 많은 사람들이 자기는 특별하다며 우쭐거리고 싶어 한다. 그러나 이 나라 사람들은 어렸을 때부터 겸손이 몸에 밴 민족 같다. 전 국토가 주차장으로 보이는 우리는 무엇부터 배워야 할까?

약 200평 규모의 대지에 2층 건물이 주택가에 있다. 멋진 상업용 건물이 색칠도 잘 되었고 깨끗하다. 정문이 유달리 넓다.

도시 한 가운데 있는데 현재 운영 되고 있는 화장터다. 일반 사람들이 살고 있는 주택 한가운데 화장터 건물이 같이 어울려 있다.

아무런 제약 없고 주민과의 마찰도 없고 어떠한 불평이 없다 한다.

굴뚝에서 연기도 없고, 냄새도 나지 않는다고, 가이드는 말한다.

화학 처리도 잘 되어 안개 같은 물을 내려 침전 시켜 버린다고 한다. 연기가 밖으로 못 나와 냄새가 없다고 말한다. 주민들이 화장터 입주를 반대할 이유가 없다고 말한다.

기존의 시설된 화장터도 옮겨달라는 주민의 탄원은 없는지?

물론 한국에 비하여 폭발적인 인구의 나라도 아니기 때문에 순조롭게 운영될 수도 있을 것 같다.

여기는 실업 수당을 받은 금액이나 보통 직장인의 받은 급여나 액수 면에서 별 차이가 없다고 한다. 독신들은 월급에서 세금을 40-50% 지불함으로 수령액이 적다한다. 이왕이면 다홍치마 먹고 놀고 실업 수당을 타면 되지 왜 일을 하느냐고 질문하니 자기는 직업이 있어 좋다고 말을 한다. 일하는 자부심이지, 고용당하는 일꾼으로 생각하지 않는다. 액수에 불평이 없다. 일할 수 있어 떳떳하다는 것이다. 빈둥대는 국민은 없나보다. 건전한 사고방식 이다. 모두가 복지국가를 유지하기 위해서 양보하고 협조하며 근면한 정신인 것이다. 일등국민은 내가 아니고 우리라는 생각이 앞선다.

하루 종일 버스를 타고 달린다. 협곡을 따라 만들어진 도로는 터널이 참으로 많다. 아마 오늘만 통과한 터널이 100개는 훨씬 넘을 것이다. 길고, 짧고. 3키로, 5키로 10키로, 제일 긴 것은23키로 미터다. 터널 입구를 들어가기 직전에 표시판에 길이가 적혀있다. 일직선만이 아니다. 긴 터널은 뱀처럼 꾸불꾸불한 곡선이다. 길을 따르는 물은 강변같이 보이나 해안선이다. 어떤 곳은 수직 절벽이다. 여기서는 그 산을 피요르드라 부른다. 오랜 세월 바닷물과 해빙으로 인하여 깎여진 곳이다. 관광유람선이 가까이 와 있다. 산에는 소나무와 다른 나무도 섞여있다. 나무가 크지는 않다 5미터에서 7미터 정도다. 지층이 거의 바위이기 때문에 크게는 자라지 못한 것 같다. 오후 4시에 목적지에 도착했다.

동서남북이 산으로 둘러싸인 지역이다. 한국의 시골 큰 마을 정도 크기다. 관광객 모두가 탈진 상태처럼 힘이 들어 보인다.

가이드의 지시대로 식당으로 우르르 들어갔다. 한 300석 이상의 대형 식당이다. 32명의 우리 일행뿐이다. 아직 관광시즌의 2주 전 이라한다.

준비가 덜 된 상태에서 입구 쪽 식탁에 우리의 자리가 예약되어있다.

종업원 2명이 풀 서비스를 한다.

성질이 급한 일행들이 이것저것 주문을 하고서 앉아있다.

그러나 시종 웃음을 띠며 서비스를 잘한다. 음식은 스모그 생선이 많다 술안주 먹는 기분이다. 하기야 이런 시골까지 배달하면 운송비도 상당할 것이다. 채소가 귀한 곳이다.

한 시간도 채 안되어 식사는 모두 끝났다. 배가 고팠던지 메뚜기 떼처럼 먹어 치웠다. 모두들 우르르 나갔다. 저녁 식사 후 다른 곳으로 이동하느냐고 묻는다. 나는 아니라고 말하니 고개를 흔든다.

이곳 사람이면 최소한 2 시간 식사하며 후식도 먹고 이야기하며 즐거운 시간을 식당에서 보내고 방으로 간다는 것이다. 아무도 아직 후식을 주문하지 안했다고 말한다.

식당 종업원은 고등학교를 다니는데 오늘 식당에서 급히 연락이 와서 친구와 둘이서 임시 파트타임 일을 하러 왔다한다.

나는 아이스크림을 주문하니 가져와서 옆에 앉는다.

대학을 진학 하느냐고 물었다.

인생을 엔조이 하고 싶다고 말한다. 성인이 아닌 고등학생의 대답 이다.몸짓은 어른처럼 보인다. 대학은 진학 안하고 직장에 다니겠다고 말한다. 확실한 인생관이다. 우리나라는 무조건 대학에 가야하는데 자기 생각이던 부모생각이던 진학이 우선인데 우리와는 다르다. 더구나 이 나라는 대학도 무료라고 하는데.

4일간의 짧은 일정에 선진국 노르웨이를 겉으로만 보았다.

의식의 변화는 하루아침에 형성되지 않는다.

지상에서 살기 좋은 선진국가로 가는 길은 백화점에서 물건 구입하듯 돈으로만 되는 것이 아니다. 숫돌에 칼을 갈 듯 끊임 없이 갈고 닦은 긴 시간의 인격 수련이 필요하다. 바위틈에 자란 소나무 같이.

오슬로의 조각공원

노르웨이 수도 오슬로에 프로그네르 공원이 있다. 세계적인 조각가 비겔란의 작품으로 청동상과 화강암석상들이 공원 안 여기저기에 세워져 있다. 일명 조각 공원이라고도 한다. 8만 평의 넓은 공원에 193여점의 작품이 전시 되여 있다. 주위의 호수며 흐르는 물이며, 곱게 다듬어진 가로수들이 조화를 이루어 공원 자체가 조각 작품이다.

오슬로 시청에서는 일 년에 한 번씩 노벨 평화상 시상식이 거행 된다 다른 노벨상은 스웨덴의 한림원에서 수여하는데 노벨 평화상 만은 노벨의 유언으로 오슬로 시청에서 수여한다. 그 평화상의 메달도 비겔란의 작품이라 한다.

비겔란의 조각 공원 에서 내가 인상 깊게 보았던 것은 우는 아이의 조각이다. 열 살 정도의 남자 아이가 그냥 우는 것이 아니고 성난 얼굴로 발을 둥둥 굴리고 눈물을 흘리며 금방 나에게 뛰어오는 모습이다. 인간의 내면을 아기의 울음으로 표현

했다고 한다. 특히나 어린 아이들의 울음은 즉흥적이다. 철학적으로 사색이 깊은 울음이 아니다. 때문에 거역할 수 없는 타당한 이유가 있는 울음이다. 아버지가 죽었나? 어머니를 잃어버렸나? 울음을 터뜨릴 만큼 급한 일이 지금 일어난 것이다. 울음의 깊이가 있어 누군가가 도움을 주어야 하는 그런 상황처럼 느낀다. 시간의 절박함을 느낀다. 이 조각을 만들기 위해서 일부러 아이를 울게 하고 그 모습을 조각했다는 뒷이야기도 있다.

다른 하나는 원통 안에 남녀가 서로 엉켜있다. 남자는 여자의 발을 잡고 여자 또한 남자의 발을 잡고 있다. 큰 원 안에서 태아 때 모습으로 서로 위 아래로 꾸부리고 있으며 경쟁하는 모습이다. 한정된 태두리 안에서 인간이 할 수 있는 일의 한계를 나타냈다. 원은 지구를 상징하고 그 태두리 안은 우리 사회의 공간이요 유한성을 나타내며 힘이 들어있는 팔이나 꼬여있는 다리는 어려운 삶의 상징으로 보인다. 얼굴의 표정은 환희인지 고뇌인지 보는 사람에 따라 다를 것 같다. 반복되는 희로애락의 인생 여정을 나타낸 것 같기도 하다.

그리고 최고의 작품은 모노리스조각이다.

공원의 가장 높은 곳에 자리 잡고 통이 굵은 기둥 모양으로 우 뚝 서 있다. 17 미터 높이의 거대한 화강암 하나의 몸통으로 만들어 졌다. 121명의 남녀노소가 원통을 나선형으로 돌면서 정상을 향하여 가는 모습이 조각 되어 있다. 인간의 무한한 욕망과 투쟁, 탄생과 죽음, 희망과 절망, 고뇌와 갈등, 사랑과 증오 그리고 불안과 고통 이 모든 것이 표현된 작품 이라 한다. 이외에도 특이한 작품이 많이 진열 되어 있다.

비켈란은 1869년 목수의 아들로 태어나 조각가 로댕에게 배우고 영향을 받았으며 외길 인생을 걸었다. 1943년에 사망했으며 사망 후 1947년에 조각공원은 완성 되었다.

비켈란은 인생 자체가 폭풍에 춤추는 파도와 같이 굴곡이 심했다 한다. 조각하는 일도 힘들었지만 자기 살아가는 데도 죽을힘을 다해 헤쳐 나가야만 했다. 어쩌면 그 오기로 작품에 열정을 쏟았는지 모른다. 그러기에 그의 모든 작품이 살아 움직이는 것 같다. 보는 이에게 큰 감동을 준다. 고통 없이 빚어지는 예술품엔 혼이 없으니 말이다.

그는 40년 동안 이 작품을 위 해 일생을 바쳤다한다. 40년은 긴 세월이다 특히 한국인은 일제 식민지의 암울한 시절을 기억한다면 참으로 긴 세월일 것이다.

조각한 이 작품들은 뚜렷한 목표의식으로 각 작품 마다 특색이 있다. 모든 작품은 시 소유로 한다. 누구든지 공원은 무료입장이다. 철칙으로 유언을 했다. 지금도 무료입장을 했다.

간섭 없이 자기의 의지 되로 만들기로 시청과 계약 하고 . 그의 작품을 그의 주관대로 완성했다. 그는 죽었어도 그의 작품은 우리들의 마음속에서 무어라 속삭이고 있다.

비켈란은 전력을 다하여 작품을 완성했다. 청동상과 화강암 작품들은 모두가 나체상으로 관광객의 눈길을 사로잡는다. 어떤 청동작품은 많은 관람객이 어루만져서 너무 매끈매끈 하다.

일 년에 500만의 관람객이 다녀간다. 그들은 무슨 말을 속삭일까? 예술혼을 불태우고 일관한 비켈란의 인생항로 그 곳에는 권력도 부도 없다. 조각을 일생의 신념으로 오직 그 한 길을 갔다. 그 길은 조각품을 완성하는 투지와 인내 끊임없는 전진 뿐이었다.

21세기 한 복판에서 절실히 필요한 미덕 들이다. 참을성이 결여된 사회, 조급함이 난무한 사회, 오직 오슬로 조각상과 사투를 벌린 비켈란을 생각 한다 헐렁한 바지를 입고서 모형을 만들기 위해 석고상에 정신을 집중한 그의 삼매지경 우리가 도달 수도 없고 갈수 없는 예술의 고고한 세계가 거기 있었을 것이다.

오늘도 비켈란은 프로그네르 조각 공원을 찾아 왔다고 나는 믿는다. 193점의 조각품은 그의 분신이기에 하나하나 어루만져

생명을 다시 불어넣어 줄 것이다. 그가 우리를 보며 외길 인생이 외롭지 않아요, 모두가 여기 있지 않아요, 속삭임이 들린다.

티와나 일일 선교지에서

손들이 부지런히 움직인다. 태이불 주위에 서서 일하는 권사님들의 모습이다. 길 다란 6인용 태이불이 2층 난간구석에 자리 잡고 있다. 일층 교회건물의 지붕을 이용하고 있다. 마당 구석에서 2층으로 층계가 설치 되여 이곳을 오르고 내린다. 약 1000 평방피트의 넓이다. 그 태이불 밑에는 포장지며 상추 박스며 빵 상자들이 버스에서 내려 운반 되여 왔다. 빵에다 마요네스인지 부르치스인지 열심히 바르고 있다. 이것을 빨리 발라야 오늘 일이 쉽게 끝이 난다며 박 권사님이 경험담을 이야기 한다. 여성 태이불 에서는 본격적으로 일이 시작 되어 부지런히 움직인다. 무슨 일이든 처음은 질서가 없고 우왕좌왕하며 시행착오로 시간이 허비하다가 정상으로 돌아온다.

아침 7시에 교회에서 30명 정도의 일일 선교 팀이 모였다. 교회에서 단체로 버스를 타고서 멕시코 국경도시 티화나에 있는 선교 교회로 오전 10시에 도착했다. 구성원은 의료 선교 팀, 미용 팀 그리고 햄버거를 만들어 점심을 주는 식사 팀 이다.

의료팀은 치과의사, 일반의사 그리고 한의사로 구성되며 교회 사무실을 이용하여 업무를 비교적 순조롭게 진행되다. 환자들이 미리 와서 기다리며 일 열로 서있다

미용 팀은 교회 마당의 동남쪽 코너에 간이 의자를 4개놓고서 남자들에게는 머리를 깎고 여자들은 컷을 해준다. 미용 팀도 평상시 기술직임으로 아무나 도울 수가 없다. 숙련된 자들이 별로 어려움 없이 일을 시작했다. 역시 대기자들이 줄로 서서 기다린다.

식사 담당 팀은 짜임새가 어설프다. 의료팀이나 미용 팀은 전문직이여서 각 분야에서 일한 사람들이라 별 문제 없이 잘 진행 중이다. 그러나 식사 준비 팀은 나머지 인원으로 구성 되였다. 나도 별다른 재주가 없어 식사 팀에서 봉사한다. 배가 산으로 오른 기분으로 우왕좌왕한다. 봉사자는 대부분이 노년의 은퇴자 이여서 각기 주장이 다르다. 남자 집사들은 조금 떨어진 곳에서 휘발유 드럼통을 절반 잘라 만들어진 햄버거 구이판에 불을 피운다. 온 건물이 연기가 가득하고 익숙하지 못하

여 비숙련공들의 힘든 과정처럼 수난을 경험한다. 모두가 부지런히 움직여도 조화가 잘 안 되여 불이 잘 타지 않는다. 통풍 방향을 다시 조절하고 챠콜 기름을 다시 넣고 간이 부채를 만들어 부쳐도 연기는 우리의 주위를 맴돌며 성가시게 한다.

선교 시작 전에 장로님의 기도가 생각난다. 주위는 참견 말고 마음속으로 예수님만 생각하며 섬기는 자세로 자기 일을 찾아서 하라는 것이다.

얼마간의 시간이 경과 되어 챠골 불이 훨훨 탄다. 본격적으로 햄버거 고기를 3개의 구이 판 에서 굽기 시작했다 좁은 층계를 올라와 2층 난간에 설치된 햄버거 불판에서 햄버거를 굽는 것은 불안전하고 위험스러웠다 그러나 오랜 경험에서 어느덧 숙련공들이 되어 잘도 굽는다.

햄버거 고기를 굽고 뒤집고 불과 연기와 어느덧 친구가 되어서 익혀진 고기가 여성 태이불로 착착 전달된다. 잘 만들어진 햄버거는 종이로 포장 되여 박스에 담아서 계속 1층으로 내려가 분배된다. 500여명의 장사진을 이룬 이들에게 균일하게 분배 되였으면 한다. 이러한 사역들이 시련을 연단하는 것이고 그 시련은 주를 닮기 위한 한걸음 나아가는 길일 것이다. 햄버거도 이와 같이 완성을 위해 협력하여 만들어진 것이다.

형제들이 연합하여 선을 이루니 어찌 그리 아름다운 고"" 시편구절이 생각난다.

마음을 다하고 최선을 다하는 모습이다 선교는 스스로 자유의지로 와서 섬기는 것이며 강요가 아니다 어떠한 위치에서 일을 하여도 자기의 능력을 최대로 발휘하는 것이다. 그러한 모습을 그들에게 보여 주는 것이다. 이런 것을 할 수 있는 능력과 기회를 주신 하나님에게 감사해야 한다.

2시 정도에 햄버거 굽는 것은 끝이 났다. 500명의 선교 인원이라 하여 600개의 햄버거를 만들었으나 부족한 상태다. 여학생이 와서 하나 달라고 한다. 없어서 못 주었다. 돌아서는 뒤모습이 측은하다. 우리도 먹지 못했으니 차라리 다행스럽다 조금만 더 준비 하였다면 하는 아쉬운 생각을 한다.

돌아오는 버스 속에서 그 학생이 생각난다. 어떤 일이든 항상 미흡함이 있는 모양이다.

버스는 북을 향하여 교회로 달린다.

태평양을 바라보는 석양은 언제나 아름답다.

선교지에서 돌아오면서 오늘 만이라도 아주 작은 좁쌀만큼이라도 주님을 닮았다면….

두 번째 성경 베끼고 나서

성경전체를 영어로 베껴 쓴다는 것이 어찌 쉬운 일인가? 일년 혹은 그 이상이 걸리는 작업인데 함부로 대답할 수가 없었다. 그러나 “걱정 말고 기다려라” 라고 말을 해버렸다.

큰 아들 집에서 모두 모여 저녁식사를 할 때다. 여름방학이라 뉴욕에서 학교 다니는 큰 손녀 린지가 집에 와서 더더욱 즐거웠다. 온 가족의 만남이다. 큰아들 두 딸, 작은 아들 딸 하나, 나를 포함해서 세 집안의 식구가 모두 여덟 명 뿐이다. 자주 모여서 식사를 하는 편이지만 오늘은 의미가 깊다.

내가 가져온 큰 상자를 큰애 둘째딸 알린의 책상위에 놓았다. 라면상자 두 개보다도 더 크다, 만 일 년하고 일주일, 신약 구약을 모두 영어로 베낀 기록이다. 여덟 개의 바인드북이 탄생했다. 372일 동안 쉬지 않고 썼던 내 끈기의 결정체다.

온 식구가 “와” 했다. 큰 며느리가 “우리 집 가보야.”라고 말한다. 모두 말없이 바인드북을 바라본다. 각각의 느낌이 있는 모양이다. 갑자기 내 가슴이 부풀어 오른다.

둘째 며느리가 “아버님 우리 티파니는?” 유난히 큰 눈을 더 크게 뜨며 나를 쳐다본다.

순간 나는 대답을 할 수 없었다. 쉬운 일이 아니라는 것을 너무나 잘 알고 있기 때문이다.

둘째에게 가는 아버지의 정도 깊어 해주고 싶다. 그러나 거의 매일 새벽 5시에 일어나 묵상 하고, 두 시간을 계속 쓰는 일을 또다시 시작하겠다는 대답이 나오지 않았다. 그러나 나에게는 즐거운 일 그 자체였었다. 지루함도 있었다. 끝 낼 수 있다는 자부심도 컸었다.

상상할 수 없는 강한 인내심과 끈기가 필요하다. 적절한 통제력과 확실한 계획이 없이는 불가능하다. 교회 친구들의 이야기를 들어보면 3개월, 혹은 6개월 쓰다 그만둔 사람들이 많다고 한다.

그래서 “기다려라” 라고 말을 했었다. 은퇴를 했어도 시간은 빨리도 간다. 순간을 붙잡아 잘 써야한다. 처음 보다 정신무장을 단단히 했다. 오직 막내손녀 티파니를 생각하며 다시 써내려갔다.

시간을 정복한 러시아 과학자 류비세프는 하루를 분 단위까지 기록했다. 시간을 사랑하라고 말한다.

성경 1800페이지 중에 1000페이지가 넘어가니 자신감이 생긴다. 가속도가 붙는다. 하루 종일 성경을 베끼고 있다. 신약 먼저 쓰고 구약을 썼다. 신약은 마음에 닫는 구절이 많이 있다. 베끼는데 구약보다는 훨씬 재미있다.

10월말에 다니엘서가 끝이 났으니 100페이지가 안되게 남았다 이제 한 달 이면 충분이 끝날 것이다. 기쁨과 함께 걱정거리가 생긴다. 누가 성경을 물어보면 어떻게 대답하나 모른다고 할 수도 없고 안다고 자신 있게 말할 수도 없는 것이다. 암기와 쓰는 것은 다르다.

양력 동지 달 그믐날에 끝을 냈다. 2015년 4월 20일에 시작하여 2016년 11월 30일에 끝나는 긴 통로였다. 일차 이차 종합계 8300 페이지를 썼다. 끝나는 지점에서 큰 획을 긁고 싶다.

몇 사람 모여 자축했다. 세계 선교교회 최 운형 목사님, 일차때 트로피를 만들어 준 줄리 리 사장님, 수필가이신 김 태영 선생님, 네 사람이 식사를 하며 즐거운 대화를 나누었다. 이야기는 그칠 줄을 모른다. 보이지 않은 어떤 분이 함께 있는 것 같았다.

2016년 12월은 나에게 특별한 성탄 선물이 주어졌다. 처음 염려했던 것보다는 너무나 분에 넘치는 선물을 받았음을 깨달았다. 성경구절을 척척 못 외우고 성경 지식이 겉으로 들어나지 않더라도 나는 가슴 밑바닥으로부터 차오르는 기쁨을 느낀다. 힘들었던 순간들이 사실은 행복했던 순간 이였다. 고난 없는 환희는 맹물과 같은 것, 은퇴이후 이만한 보람이 또 있을까?

나에게 성경 베끼기를 함으로 큰 보람을 안겨 준 티파니에게 고마움을 전한다.

침묵, 그리고 . .

선배 부인이 치매로 오랫동안 투병하시다가 저 먼 곳으로 떠나셨다. 2년 전 부터는 병상에 누어서 쳐다보며 인사하는 남편에게도 반응이 없었으니 서로들은 창자 속의 깊은 아픔 이였을 것이다. 그냥 무의식 이였는지? 혹은 의식은 있어도 표현할 수가 없었는지 알 수가 없다. 어떤 물건을 현미경으로 세밀하게 살피듯이 우리의 의식도 사물처럼 볼 수 있다면 얼마나 다행일까? 답답할 뿐이다.

어찌 생각하면 치매 병은 자신의 죽음에서 두려움을 못 느낄지도 모른다.

만일 그렇다면 치매환자는 편안하고 행복하게 다른 세상으로 가서 또 다른 삶의 시작일까?

정신세계는 무한한 것 같다.

아들과 딸이 50대 후반이요 손자가 대학을 졸업하고 직장을 다니고 있으니 축복 받은 가정 이였다. 팔순이 다 되어서 그렇게 억울할 것도 없는 장례식 이다.

오전 열시 성당에서 장례식을 했다. 어느 장례식과 별반 다를 바가 없는 느낌이다.

모든 장례절차가 끝이 났다. 모두들 고인의 명복을 기원했다.

큰 아들이 참석자들에게 인사말을 하기위해 단상으로 올라왔다. 보통 키에 단단한 채구다. 얼굴에는 넉넉함이 보이고 온화한 인상이다. 마이크 간격을 맞추더니 말을 한다.

"어머니는 우리 삼남매를 사랑으로 감싸고 기르면서.". .

하고는 말문이 막혔다. 그리고 침묵이 계속된다. 성당의 천정은 높기만 하고 고요한 그 자체였다. 우리 모두는 귀만 한곳으로 집중한 것으로 느껴진다. 그러나 장내는 옆 사람의 숨소리가 들릴 정도로 조용하다.

장례식에서도 흔히 볼 수 있는 장면이다. 보통 아들 딸 들이 목메어 말을 못하고 울음으로 뒤 덮는다. 그러나 여기서는 다른 곳 에서 보다 상당히 긴 시간이 흘렀다.

그는 50살이 넘은 중년이다. 미국에서 대학을 졸업하고, 직장도 방위사업체에서 근무하는 과묵한 중견 사원이다. 그런데 웬일일까? 그는 다르다. 어머니의 장례식에서 그는 갑작이 어린아이가 되었다. 말을 할 줄 몰라서가 아니고 목이 메어 말을 못한다.

그의 아들도 대학을 졸업하고 직장에서 근무 한다. 남부럽지 않은 성공한 이민세대의 가정 이다. 노년에 가까운 장년이다. 그러나 어머니의 사랑이 얼마나 깊었는지 알 수 없다. 모든 참석자들도 순간 적으로 자기 어머니의 품속으로 들어가 포근한 사랑을 느낄 것이다.

어머니의 사랑, 가슴이 벅차다. 사랑의 본체가. 어머니의 사랑에서 시작되는 것 같다. 어머니의 존재가 무엇과 비교될까? 아마 우주보다 더 큰 어떤 무엇일 것이다. 어머니의 얼굴은 그의 눈빛은 그의 가슴은 어떤 무엇도 대신 할 수 없다. 어머니는 신들 중에서도 우두머리 신 일 것 같다. 장기간의 병간호를 하면서 지칠 수도 있었을 것이다. 그러나 지금은 다르다. 마지막의 어머니의 모습이 모두와 함께하는 순간이다. 영원히 꽉 붙잡고 정지하고 싶은 심정일 것이다. 어머니라는 존재가 그렇게 무거운 것을 확인하는 순간이다.

우리가 자라면서 제일 먼저 하는 말이, 음. 음아. 음마. 엄마. 이런 순서로 발음 될 것 같다.여러 낱말 중에서도 가장 듣고 싶은 것이 어머니란 단어일 것이다. 영어에서도 mam, mam 하는 것을 생각하면 인간은 똑 같이 맨 처음 어머니를 불렀을 것이다.

덩달아서 나도 가슴이 꽉 쪼여온다. 오래전 어머니의 장례식이 떠오른다. 그때 나도 50대 중반 이였을 때 어머님이 돌아가셨다. 가족 이민의 초창기 삶은 누구에게나 힘들었다. 낮도 없고 밤도 모르는 가파른 삶에 통곡을 할 여유가 없었다. 그 때는 허둥지둥 장례식이 끝냈고 많은 세월이 지났지만 지금의 슬픔이 그때 보다 더 깊어 나도 어머니를 생각해 본다. 어느 무엇이 어머니를 대신할 수 있단 말인가? 단상에 서있는 그와 동화된다.

. .참석하여 주셔서 감사합니다. 00식당에 식사가 준비 되었으니 참석하라는 당부를 하고 단상을 내려갔다. 우리는 그가 말하려는 어머니의 사랑 헌신 혹은 희생 등등은 상상 만으로 충분히 이해가 된다. 어머니를 어떤 수식어로 다 표현할 수 있을 것일까?

이 율곡 선생의 자경 문 에는 이런 글이 있다.
"마음이 정해진 자는 말이 적어진다. 마찬가지로 마음을 정하는 데는 말을 적게 하는 것으로 시발을 해야 한다."

육성의 말은 생략되었어도 침묵은 천 마디 말보다 더 많은 의미를 주었다.
침묵은 생각을 깊게 하고 보이지 않은 그 무엇이 서로 교감되게 한다.

4 농민 성자

농민 성자

뭐! 최 석구 병장이 다쳤다고!

나는 부대 내무반에서 침상에 걸터앉아 당번이 군화 닦는 것을 바라보면서 그에게 듣고 약간 표정을 달리하며 하는 말이다

내가 광주 상무대에서 소대장으로 근무 할 때다. 아침 출근을 하면 소대에서 간밤에 별 다른 일이 없으면 습관처럼 신을 닦는다.

당번은 나의 출근을 기다리고 있다가 내가 도착하면 군화 닦기를 시작한다. 내 군화가 세상에서 가장 반짝 거리도록 빛을 내는 것이 그의 최우선 임무다. 이마에는 벌써 땀도 흐르며 정성을 다하는 그의 성격이다. 내 생각으로는 광택이 충분히 잘 나도 물을 또 바르고 반복하고 침을 바르며 부드럽게 문지른다. 그의 마음에 흡족 할 때 까지 기다리며 앉아 있는 것이 통상적인 일이다. 다른 소대장 보다 더 광을 내고 싶은 것이다. 그는 내가 키도 크고, 얼굴은 검은 편 이여서 나의 외모에 신경을 무척 쓰고 의복도 칼날처럼 대림 질 하여 준비하는 성격

이다. 또한 오늘도 지나가는 말로 "최석구 병장이 어제 밤 보초근무 중 맹수에 물려 의무실에서 치료를 받았다고" 말하면서도 반짝거리는 군화를 닦고 또 닦는 것이다. 어떻게 하면 더 반짝거릴까? 신경을 곤두새우지 최 병장의 치료에는 관심 밖이라는 표정이다.

최 석구 병장을 오라했다.

헐떡거리며 그가 뛰어 왔다. 손은 어떠냐고 물었더니 반창고가 붙은 손을 보여주며 괜찮다고 말한다. 그는 다친 손은 안중에도 없고 그의 직책에 바쁜 모양으로 숨을 헐떡인다. 그는 항시 자기 일을 말없이 수행하며 먼저 모범을 보이며 근무를 했다. 최 병장은 나와 마음이 통하는 소대원 이였다. 10개월 전에 휴가를 다녀오며 선물을 갖고 왔다. 자기 동내에는 이것이 고급이라며 나일론 양발을 시골 장터에서 사서 갖고 왔다. 이튿날 일부러 양발을 신고서 석구에게만 보여주었더니 웃으며 나를 처다 본다. 나도 웃음으로 답했다. 그는 군대의 상하관계보다는 인간관계가 더 깊은 느낌이다. 속으로는 신임이 두터웠다 내색을 하면 다른 병장들이 시기가 있을까 밖으로 표현을 안했을 뿐이다. 말 없는 성격이 나와 비슷하여 속으로만 좋아하는 소대원이다. 더구나 공병부대 임으로 사소한 사고들은 앵간 하게 넘어가는 관행이다. 그는 다시 일터로 그냥 뛰어간다.

보통 부대 일은 아침에 바쁘다. 매일작업 준비는 부대 내

청소를 하고, 공사를 위한 각종공구 수령, 자제수령, 작업조 편성, 차량 대기 등등 일들이 매일 반복 되어도 항상 어수선한 일들이다. 심지어는 공사가 없고 조금 한가하면 부대 입구도로를 쓴 자리를 다시 쓸며 빗자루 지내간 자국을 만들고 화단은 갈퀴자국도 만드는 것이 군대 일이므로 쓸데없이 바쁠 때도 많다. 사령부 내의 작업장 까지 8시 이전에 도착하기 때문에 모두들 서두른 모습들이다. 정식 일과가 시작도 하기 전에 모든 힘이 다 소모 되는 느낌이다.

그 때로 부터 3일째 되는 아침에 출근하니 내무반이 다른 때에 비해 설렁하다. 나이 많은 선임하사가 나를 기다리고 있다가 말을 한다. 최 석구가 밤에 자다가 통증이 있어 의무대를 갔는데 바로 병원으로 후송 되었다고 말 한다. 약간 심상치가 않고 느낌이 불길하다. 그와 친하게 지내는 병장 3명을 오전중에 면회를 보내겠다고 말한다. 처음에는 모두가 주마간산 격으로 생각했는데 상항이 다르다.

최 석구 병장의 사고 당일 보초는 밤 2시에 취사반 건물 보초였다. 그 건물 옆에는 우리 부대 생명수인 지하수 펌프 우물이 있다. 전 부대가 식수로 사용했다. 때문에 식기 세척장도 그곳에 있어 상당히 불결한 곳이다. 하수구 시설도 없는 그때 간이 도랑을 만들어 물을 흐르게 했던 시절이다. 시궁창 냄새가 나고 파리 떼들이 모여 웅성거리고 참새들도 찾아 와서 눈치를 보면서 모이를 주어먹는 곳이다. 바로 철조망 넘어 마력리 마을 개들도 드나들며 먹이를 찾던 그런 곳 이다. 1963년도 그 시절 한국의 경제 규모는 아세아에서 가장 후진국 이였다. 보리 고개가 기성을 부릴 때 모든 사람들이 굶주리며 어려울 때 짐승들이야 오죽 했을까?

면회 간 3인은 면회를 못하고 점심때 작업장으로 돌아왔다. 중 환자 실에서 손발이 묶인 체 치료중이라는 보고다. 일체 면회 사절이며 미친 행동을 한다고 말한다.

캄캄한 밤중에 맹수의 공격은 미친 개 인 것으로 추정하며 치료 중이라 말한다. 왜? 이제야 그런 생각을 할까?

운명은 우리의 의식 한계를 넘었는지 그 다음날 사망 소식이 왔다.

예상 밖으로 상항이 어수선 하며 복잡 하다.

처음부터 광견병 치료를 했다면 어떠했을까? 아쉬움이 많지만 누구의 탓일까? 꼬리에 꼬리를 문 질문들이 많이 나온다. 막중한 책임은 나에게 엄습한다.

우선 유족에게 소식을 전하고 도착하면 장례절차를 따르기로 했다.

우리 부대는 독립대대로 30명의 장교가 근무했다. 층층시하로 높은 계급이 있는데 소대장인 나에게만 모든 책임을 물었다. 사고를 해결 하라는 것이다. 제일 먼저 유족을 누가 만나 어떻게 이야기 하느냐?

나의 생각은 달랐다. 계급도 높고 경험도 많고 권위도 있는 상급자가 많이 있는데 굳이 나를 앞에 내 세우는 것이다. 군에서 명령은 죽음도 따르는 것이라 아무 말도 할 수 없어, 따를 뿐 이였다.

2일후 유족이 와서 면회소에 있다고 위병소에서 연락이 왔다.

소대 전원은 공사장으로 투입되고 평소에 친하게 지내던 병장 3명을 같이 만나기 위해 대기 하고 있었다.

너희들은 보고 듣고 했던 것을 그대로 이야기 하라.

말을 할 때는 신뢰가 있어야 하니 모두들 신중을 기하고 천천히 사실만 말하라. 그 형님이 듣기 쉽도록 또박 또박 말 하여라 내가 말하는 것 보다 너희들 말이 훨씬 더 신빙성이 있다. 그리고 소대의 공사일도 자세히 말하라 그러면 우리 소대가 얼마나 바쁜 일인지 이해를 할 것이다. 또한 최 석구 병장과 우리 모두와의 관계 그리고 그의 임무 역할 등을 소상히 말하여라. 잘 어울리며 지내는 일, 좋은 성격 등등 우리가 알고 있는 그대로 숨김없이 말하면 된다고 강조했다.

소대에서 면회소 까지는 50미터 정도 거리다. 위병소 옆에 반달 모양의 군대 콘센트 막사다

오전 10시 경이라 관리 병 이외는 아무도 없다. 그에게 빵과 콜라를 가져오라고 눈짓을 했다.

8인용 나무 식탁에 혼자 앉아 있다가 우리를 보고는 일어선다.

허름한 검은 바지에 판박이 알록달록한 무늬의 남방사스를 입었다. 얼마나 경황이 없었는지 턱에 수염은 그대로 있다. 그 시대를 상징한 농부로써 기름기는 찾아볼 수 없고 손의 힘줄이 선명하다. 반 고호의 자화상 같이 깡마른 편이며 키는 170 정도다. 나는 눈을 서로 마주칠 수가 없어 고개를 숙인 채로 제가 소대장 입니다 하며 그이 앞에 앉았다. 죄송합니다. 제가 죽을죄를 지었습니다. 다른 단어가 생각나지 않았다.

나는 무조건 내 잘못으로 생각하고 참회의 자세로 행동할 뿐이다. 그것은 지휘자의 무거운 책임이다. 평소 안전교육을 더 세밀히 하고 사고를 방지할 책임이 있는 것이다. 두근거리는 마음을 진정시켰다.

육군소위 계급이 이렇게 무거운 줄 미처 생각 못했다. 식물인간이 되어버렸다. 3명의 친구는 그간의 상항을 열심히 이야

기 한다. 망자 앞에서 무슨 변명을 할 수 있을까? 그 형님의 처분에 따를 뿐이다.

보통 이러한 비슷한 사고 때 부인이 오면 절규에 가까운 울음으로 덩달아 침울해지고 어머니가 오면 막무가내 내 아들 살려내라고 소통을 처서 아수라장으로 변해버린다.

그러나 지금 최 석구의 형님이 오셨다 그에게는 부모도 돌아가셨고 아직 장가도 안 갔다. 군 입대 전에 형님과 함께 살았다.

형님은 목이 타는지 콜라를 한 모금 마시더니 바지 주머니에서 절반정도 들어있는 담배 갑에서 커내 피우며 빨았다. 길게 내품는다. 담배연기도 무겁게 천천히 천장으로 으른다.

기침을 한번 하더니 쉰 목소리가 가느다란 모기소리 같이 들린다.

"다른 병사들은 3년을 무사히 근무 하고 제대를 하는데 제 동생은 무식하고 미련해서 사고를 당했으니 참 말로 죄송합니다. 부끄럽습니다."

그리고 입을 다물고 코만 훌쩍 거린다. 혈육이라고는 하나뿐인 동생마저 저세상으로 보낸 그 형님의 말씀 이었다. 어떤 생각을 했을까? 조용한 침묵만 흐른다. 손에 쥐고 있는 담배는 거의 다 타고 연기만 공중으로 오른다. 어느 누구도 말이 없이 고개를 숙이고 있다. 언어가 죽었다. 바람도 숨었고 구름도 사라졌다. 어떤 성자님이 농군으로 옷을 갈아입고 현현한 것일까?

부대에서는 최선을 다해 장례식을 거행했고, 그 성자 형님에게는 최선을 다해 예우했다.

그 후 병장 최 석구는 하사로 특별 진급되고 유공자로 추서되었다.

밀포드 사운드

뉴질렌드를 여행했다. 한국보다는 약간 큰 땅이다. 북 섬과 남 섬으로 나뉘져 있다. 남 섬의 크라이스트 시티 또는 퀸스 타운 한번 듣고서 잊어지지 않은 이름들이 인상적이다.

우리는 크라이스트 시티에서 남단의 밀포드 사운드를 향해 출발했다. 일행이 8명임으로 교포분이 안내 겸 운전까지 하며 밴 차로 달리고 있다. 남쪽으로 달린다.

남 섬 오기 전에 북 섬을 관광했다. 보통 사람들은 조용하고 깨끗하고 차분한 곳에서 살고 싶어 한다. 막상 그런 곳에서 2일을 지내다 보니 복잡하고 떠드는 곳이 다시 그립다. 사람의 마음은 어느 한곳에 결코 편하게 있을 수 없어 이렇군, 저렇군, 변한가 보다. 인구가 적어서 최소한의 인력으로 운영한다 한다. 교포 분은 우리가 운행하는 동안에 경찰차를 한번이라도 만나면 우리는 행운 이라한다. 오늘의 일정은 8시간을 차량으로 중간지점인 퀸스 타운 으로 가는 여정이다. 가끔 반대편에서 차량이 지나가고 우리 와 같은 방향은 차가 없다. 모든 차들은 스스로 교통법규를 준수한다. 교통경찰이 없다하여 마음대로 달리지 않는다. 도시와 도시간의 이동시에는 출발시간 과 도착시간을 차량운행일지에 기록한다. 경찰은 그 운행일지를 점검하면 된다. 운전자는 속도를 준수할 수밖에 없다. 참으로 잘된 규정이다.

일정한 울타리 안에서 방목하는 양떼들을 많이 볼 수 있었다. 목장 크기는 트랙이 있는 학교 운동장의 4배정도 그곳에서 대략 일주일 정도 풀을 뜯어 먹고 다음 장소로 이동한다. 한 달에 여러 곳에서 방목하며 같은 장소를 3개월 후면 풀이 자라나서 다시 그곳으로 온다 한다. 양들이 먹는 목초지는 걱정이 없다. 먹고 놀고 자고, 비를 맞아도 속 까지 스며들지 않기 때문에 걱정이 없이 서서 맡고 있다. 그 상태에서 자우로 흔들면 그만이다, 밤에 잘 때도 같은 장소인데 지붕 있는 막사가 없다. 그러므로 그 자리에서 서서 혹은 누어서 자는지 알 수 없다. 이곳은 강우량이 세계에서 가장 많은 6000 미리 우리나라의 5배정도다. 그래서 양들은 순하기만 할까?

양을 이동시키는 목자를 보았다. 목자는 경마하는 큰 말을 타고서 같이 이동한다. 목자가 두 개의 손가락을 입에 넣고 휘바람을 불면 훈련된 개들이 귀를 쫑긋이 알아듣고 양 때를 이끈다. 진도 개와 비슷한 3마리의 개가 앞뒤로 왔다 갔다 하면서 양들에게 갈 방향을 안내한다. 만일 한 마리 양이 대열에서 이탈을 하면 빨리 달려가서 인도 하여 합류시킨다. 똑같은 동물인데 양은 지시를 받고 개는 지시를 한다. 서울은 사람의 물결인데 여기는 양 때의 물결이다. 국가 전체적으로 약 6000만 마리라 한다. 국민 1인당 13마리가 된다. 부자 나라다. 일반 차들은 양 때가 지나가면 모두 통과 될 때까지 양보하며 기다려야 한다. 인도에서는 소가 우선순위 인데 여기는 양들이 우선이다. 8시간 동안 도로상에서 3차례 양 때를 만나 양보를 했다. 성질이 급한 우리들에게는 약간 짜증스럽게 느껴진다. 8시간을 계속 타고 가면서 보아도 거의 목초지며 양들의 목장이다. 대략 목자들이 몰고 간 양 때는 500마리에서 1000마리 정도라 한다. 양보다는 더 큰 라마나, ELK 의 목장도 보았다. 그러나 양 목장이 대부분이다.

계속 남쪽을 향해 달린다. 가끔 큰 호수를 보았다. 호수의 물이 남쪽으로 흐르며 각각 다른 호수의 물이 되고 어떤 곳은 수력발전소가 있다한다. 드문드문 집들이 있는 도시를 통과한다. 맥도날드 간판을 보면 인구 5만 이상이 사는 큰 도시라한다. 아직 한 번도 못 보았다.

고속도로를 남으로 계속항진을 하는데 서쪽으로 산맥이 형성되었으며 큰 산이 있는데 마운틴 쿡 이며, 백두산 보다는 훨씬 높은 산이다.

산악인 에드먼드 힐러리 경이 열 번이나 등정하며 산악훈련을 했다 한다. 산은 만년설로 덮여있다. 혹독한 훈련을 철저히 하여 세계 최초로 에베레스트 산을 오른 사람이다. 어떤 과정으로 어떤 방법으로 극복했을까? 상상이 안 된다. 우리가 산을 타다보면 2미터 바위만 가로 막아도 기권하고 싶은데 춥고 눈이 덮여 있는데 어떻게 성공했을까? 상상이 안 된다. 이곳에서는 영웅 칭호를 받는다. 한 가지 목적을 위해서 빈틈없이 계획하고 실천했던 경의를 표하고 고개가 숙여진다.

퀸스 타운 에서 일박을 했다. 강처럼 길고 큰 호수가 있다 호수 주변으로 도시가 형성되고 명품 상점이며 아름다운 식당이 많다. 역시 여왕이 살만한 곳인가 보다. 저녁 식사가 끝나니 벌써 어둡다. 산꼭대기에 유난히 밝은 곳이 있다. 물어보니 유명한 레스토랑이라 한다. 예약이 필수이며 케이블 카를 이용하여 오르고 내리는 곳이라 한다.

다음날 3시간을 더 달려서 목적지에 도착했다. 아름답고 유명한 밀포드 사운드다. 내가 밟은 땅으로는 최남단이다.

몇에 전에는 지구의 북쪽 캐나다 록이 산맥의 빙하수를 직접 떠서 마시었다. 지구의 형성 때부터 눈으로 덮여 있는 땅이다. 사람의 발자취가 아직 미치지 않은 곳 자연 그대로요 태고의 숨소리가 들리는 태 평원의 어름 바다. 북단의 끝이 멀지 않다는 말만 들었다. 여름에는 백야만이 존재한다. 이제는 다시 지구의 최남단에서 나의 발걸음에 힘을 준다. 밀 포드 사운드는 오랜 세월을 두고 바닷물이 들어와 침식되어 흙은 깎여나가고 바위만 남아서 수직 절벽이다. 바닷물이 산들로 쌓여 있어 잔잔하다.

높은 절벽에서 실개천 같이 흘러내리는 물줄기가 쏟아지며 여러 군데 있다.

사운드는 해협 이라는 뜻으로 빙하작용으로 인하여 흘러내리면서 생성된 협곡이라 한다. 얼마나 많은 세월이 흘렀을까?

물 떨어지는 소리가 세상을 지배 한다 아무런 소리도 안 들린다. 자연의 장엄한 소리뿐이다 사람의 존재가 아주 미약하게 느낀다. 청각은 정지되고 시야는 뽀얗게 안개속이다 안개가 올라가서 다시 비가 되여 내린다.

바위틈 사이에서 자란 큰 나무들이 품어대는 운무에 젖어 있다. 초록색으로 싱싱함을 알린다.

거의 수직 절벽으로 만들어진 협곡장엄한 자연의 경관에 고개를 숙일 뿐이다. 인간이 안달하는 마음 아름다운 여자가 입술을 그리고 눈썹을 아름답게 그려도 대 자연의 광경 밀 포드 사운드 앞에는 무색 해지리.

로즈장학생 뽑힌 한인 여학생들

격세지감이란 말이 있다. 미국의 한인사회가 바로 그렇다.

이민 초창기인 70년대 초반만 해도 한인 변호사 한인 약국 하나 제대로 없었다.

그러나 지금은 수많은 의사 변호사들이 해마다 배출되고 있고 정치권이나 체육계 재계에서도 한인들이 두각을 나타내고 있다.

참으로 기쁘지 않을 수 없다.

최근엔 로즈장학생 발표가 있었는데, 한인 학생이 2명이나 선발되었다.

강 예진 씨와 그레이스 김 씨가 그들이다.

로즈장학생은 영국의 유명한 정치가 세실 로즈의 유언에 따라 1903년 옥스퍼드 대학에서 처음 시작되었다.

매년 90명 정도 선발이 되며 2~3년을 교육 시키는 엘리트 코스로 정평이 나있다.

공부를 마친 학생들은 자국으로 돌아가 각계의 지도자가 된다.

장학생 출신중에는 대통령이나 수상들도 여럿 있다.

선발 기준은 학업 성적 뿐 아니라 성실성 육체적 활동은 물론타인에 대한 배려나 세상에 대한 진지한 관심까지 살핀다.

마지막에는 심사위원과 함께 하는 디너파티에서 말솜씨 인품 매너도 심사한다.

이런 것들은 학원에서 배울 수 있는 것들이 아니다.

가정이나 친구 종교단체 학교 등 모든 영역에서 총체적으로 배우고 인격을 닦은 다음에야 얻어지는 것들이니 로즈장학생에 뽑힌 것만으로 대단한 것이다.

이번에 선발된 학생은 모두 교포분이다. 한 학생은 미국휴스턴 라이스 대학생이고 다른 학생은 남아프리카 공화국 스텔랜포시 대학생이다. 언젠가는 본국 한국에서도 선발 될 것으로 기대된다.

옛날 한국 여인들은 가부장적 제도에 억눌려 조연의 역할만 감당하며 살았다.

그러나 이런 이야기는 이제 태고의 화석이 된 지 오래다.

유안진 씨의 글에서 이런 것을 읽었다. "잦은 외침과 못난 남성들의 싸움질과 난동 기를 살아오면서도 열녀며 효부로서

기백을 보여주었고 사회적 억압이나 모순 속에서도 굽히지 않고 자녀를 학교에 보내는 억척스런 교육열의 엄마들. .이런 것이 한국의 여인상인 것 같다."

로즈장학생에 선발된 여학생들에게서 나는 고난과 역경을 이겨냈던 한국 여성 특유의 힘을 본다.

그들이 조국의 긍지를 더하는 이름도 아름다운 로즈장학생으로 더욱 빛나길 기대해 본다.

"쟌 이 해냈다고요"

세탁소를 운영하는 김형은 옷들 사이로 나오면서 느닷없이 소리친다. "글쎄 쟌이 해냈다고요"

손에 세탁물을 들고 업소로 막 들어가는 나를 향해 밑도 끝도없이 말을 한다.

붉어진 얼굴에 목에는 힘줄이 튀어 나와 있다. 큰 일이 일어났나? 나도 덩달아 놀랐다. 김형은 약간 말이 빨라서 무슨 내용인지 알 수 없어도 얼굴에 나타난 웃음이 결코 나쁜 소식은 아닌 것 같다.

김 형을 알고 지내지도 오래 됐다. 20년이 더 지났다. 이민초기에 같은 교회에서 예배를 드렸다. 김형은 입술에 무거운 저울추가 달려있는지 별로 말을 하지 않는 성격 이였다. 때문에 그의 환경을 잘 알지 못하였다. 첫 인상이 깨끗하고 단정하였다. 그래서 그랬는지 나중에 알고 보니 세탁소를 운영하고 있었다.

부부는 열심히 일을 하였고 이민생활의 특이성을 한 치의 어긋남이 없이 실천하는 분 이였다. 모국에서 무엇을 하였으며 학벌은 무엇인가는 중요하지 않다 이민자의 삶은 과거는 철저히 묻어 버리고 자기 앞에 주어진 일에 내 자신을 다 바쳐야 한다. 새로운 문화에 부응하고 습관이나 생활양식이 현저히 다르다 하여도 적용이란 무기로 극복하는 것이다. 세탁업은 일요일에는 영업을 안 하기 때문에 예배를 드리는데 좋은 직업이다. 다행스런 일이다. 오랜 세월을 같은 교회를 다니다 보니 그와 친구가 되였다. 가끔 만날 때는 이런 말 저런 말로 시간을 보내기도 했었다.

세탁업은 서비스업 이다. 서비스는 육체와 정신이 하나가 되어 움직일 때 그 진가를 나타낼 수 있다. 보이지 않은 정신의 힘을 직업에 접목 시켜야 한다. 김 형은 낙천적이요 또한 순응하는 편이다. 천성이 순박하여 의무와 책임을 다 한다. 매사에 최선을 다하며 불평이 없고 만족스러워한다. 절망이나 포기나 무기력 같은 것은 거리가 멀다.

.앞 만 보고 전진하는 타입이며 꼭 꿀벌처럼 쉬지 않고 단순 반복의 일을 계속 한다.

벌이 집을 만든 것을 보면 참으로 신기하다 일정한 모양의 육각형이 서로 어울려 있다. 공간의 빈틈이 없는 가장 완전한 공법이다. 어떻게 같은 크기로 만들며 이 첨단공법을 사용하였는지 참으로 생각하기 어렵다.

콤퓨터도 없고 자도 없다. 벌에게 신은 수학적 두뇌를 주었을까? 벌집을 만들어 꿀을 저장하기도 하고 번식을 위해 알을 낳기도 한다. 매일 똑 같은 일을 반복 한다.

김 형은 벌처럼 우리들에게 끈기와 근면성의 표본이 되였다

김 형의 일은 옷을 빨고 말리고 다리는 단순한 반복 작업이다 그러나 그 과정 에서 혼이 들어간다. 정성을 드린다. 혼신을 다하여 일을 한다.

때문에 사업은 조금씩 번창하여 생활은 여유로웠다.

그 에게는 쟌 과 엔토니 두 아들이 있다

둘째 아들 엔토니는 신체적으로 허약하여 항상 병원을 자주 다녔다. 신장이 안 좋았다. 몇 해 전 대수술을 할 때에 부모의 뒷바라지는 혼신의 힘을 다 했다.

김 형 부부의 새벽기도는 나약한 한인간이 오직 하나님의 능력에 의지하고 간절하고 은밀한 바람 이였다.

옥토 밭이 아니라 돌밭에 씨를 뿌리고 기다리는 심정 이였을 것이다. 수술은 성공적으로 끝났다. 엔토니는 건강을 되찾고 대학에서 엔진니어링 공부 하고 있다.

김 형은 항상 기쁜 얼굴로 나를 만날 때 마다 엔토니 자랑을 한다. 공부에 너무 열중하니 이제는 몸이 다시 약해질까 걱정 한다. 그러나 엔토니가 운동도 잘하며 활기차게 생활을 하고

있어 그리 걱정은 안 된다고 말한다.

큰아들 쟌은 아버지 사업을 도우며 컴뮤니티 칼리지를 다녔다 .100퍼센트 학업에만 열중할 수 없었다고 말한다. 그의 목표나 의지는 뚜렷했다.

부모와 같이 일을 하면서 무슨 생각을 하였을까? 쟌 의 눈에 비치는 부모의 모습은 무엇이었을까? 일만하는 일 벌레로 보였을까? 꿈을 포기한 후 무기력한 사람으로 보았을까?

사람은 감정이라는 느낌을 이성으로 승화시킨다. 느낌의 작용은 묘한 것이다 느낌이 한 단계 성숙될 때 사용자의 능력과 의지가 따라서 결과는 참으로 다른 것이다.

이민 1세들이 이곳 풍토에 적응하면서 그들의 의지와 능력보다는 전혀 다른 방향으로 현실에 순응한다. 이민 올 때 꿈은 체념하기도 하고 먼 훗날로 보류하기도 한다.

쟌은 이민 1세들의 삶을 그림자처럼 뒤에서 바라보았다.

사회와 더불어 공존하려면 어떤 무기가 있어야 한다는 것을 뼈에 새겼을 것이다.

그것은 배움이다. 알맞은 대우를 받고 싶으면 학교라는 과정은 필수적이다. 부모의 혼과 열정이 쟌 의 뼈 속에 심어졌다면 목적의식이 뚜렷해 졌을 것이다.

쟌은 원하는 대학교에(UC Berkeley) 편입학 하였다. 모두들 선호하는 유명대학에 당당히 편입한 것이다.

그것은 노력의 보답이지 그냥 얻어진 것이 아니다. 피 와 땀 그리고 의지의 결정체다. 아버지가 우리 쟌 이 해 냈다고 큰소리를 외쳤을 때 나도 마음속으로 큰 박수를 보냈다. 우리 이민 사회는 제 2세들의 향상된 사회 진출이 바로 성공의 열쇠다. 김 형을 아는 모든 친구들은 쟌의 대학 합격을 진심으로 축하할 것이라고 믿는다. 나도 몇 해 전 같은 상항이 지나 갔다. 우린 학부모 동창회를 만들고 싶다.

말없는 김 형은 또 입에 침을 바른다.

그의 형님이 어제 저녁에 축하 전화를 하고 또 다시 오늘 새벽에 또 축하 전화를 하며 쟌 이 해낸 것은 우리 가문의 영광이고 또 너와 나의 영광이다. 라고 되풀이 했다 한다. 전폭적으로 학비도 지원을 하겠다고 말하며 우리 형제간의 의무라고 말했다 한다. 형은 많은 종업원을 거느린 대 기업체 사장이시다.

스스로 돕는 자는 하나님도 돕는다. 하는 말이 생각난다.

쟌 이 하는 일에 내가 신명이 더 난다.

정찰 비행

해가 넘어 가려면 아직도 한 시간이 더 남은 오후 여섯 시경이다.

사령부로부터 동해안 특별 정찰 비행 임무가 내려왔다.

내가 강원도 양구에서 조종사로 근무할 때 있었던 일이다. 초가을 날씨에 구름 한 점 없다. 보통 오후 다섯 시면 일과가 끝나고 모두들 퇴근 하는데 특별한 임무 성격상 일출 삼십 분 전부터 일몰 삼십 분 후 까지 시계도 필요 없이 이조시대 사람처럼 해가 뜨고 지는 기준으로 근무한다. 반론 할 수 없는 이유가 있다. 그것은 군 임무요 적군의 동태를 사람의 눈이 볼 수 있는 범위까지 정찰 비행을 하며 동태를 파악하기 때문이다. 아직 해가 대 낮같이 밝으니 이유 불문하고 명령에 따르는 것이다.

관측 장교와 같이 비행기를 향해 걸어갔다. 그는 쌍안경, 지도, 상항 판, 등을 갖고 간다. 나는 원 피스로 된 비행복을 입었다, 여름이라 얇은 각기색이다. 비행복은 많은 포켙트가 있다. 양쪽 다리에도 주머니가 있다. 조종석에 앉은 자세에서 사용하기가 편리하다. 누가 고안했는지 참으로 잘도 했다. 다리주머니에 넣은 지도가 덜렁거려 불편하지만 그대로 비행기를 향해 걸어갔다. 무거운 핼멧을 눌러쓰고 비행기에 오른다. 이륙전에 액티브 지점에서 최후의 확인 점검을 한다. 저속상태와 고속상태를 모두 다시 확인점검 한다. 인간은 동일한 반복 운동은 보편적으로 싫어한다. 십 분전에 시운전을 완료했다는 보고를 받았다. 그러나 이륙점검은 나의 생명과 연결 되여 소홀히 할 수 없다 아무리 급한 일이 있어도 처음부터 다시 반복 점검한다. 지상에서는 어떤 돌발 사태가 발생하면 멈추고 내리면 된다. 그러나 공중에서는 상황이 다르다. 안전 무결하다고 생각될 때 비로소 나는 이륙을 한다.

나는 활주로 한 중앙에서 서서히 저속회전에서 고속회전으로 수로틀레바를 앞으로 밀었다. 똑 바로 직진 한다. 훈련 받을 때는 이때에 "방향유지" 하며 똑 바로 조종하라며 수많은 고함소리를 귀청을 떨어지도록 많이 들었다. 그때는 귀를 막고 싶도록 듣기 싫은 소리였다. 그러나 쓴 것이 약이 되듯이 종교에서 아멘이나 ,관세음보살 같은 것이다. 방향 유지를 똑 바로 못할 때는 바로 죽음으로 연결되기 때문 이다. 훈련이란 어느 것이건 고달픈 것이다. 그러나 훈련의 모든 과정이 끝나면 긴 이야기로 남는다. 기채가 활주로 한 중앙을 마음껏 달리며 최대 속도를 낸다. 몇 번 가벼운 반동을 한 후 드디어 대지여 안녕하며 이륙한다. 땅에서 점점 멀어진다.

푸른 하늘을 나른다. 땅을 떠나면 나의 왕국이다. 목적지에 가서 주어진 임무를 수행하는 것이다. 이때부터 항로를 설정하고 고도를 취한다. 그러나 관측 장교는 열심히 땅 밑을 내려다 본다. 태백산맥을 넘어야 동해안이니 고도를 오천 피트로 유지했다. 높이 오르니 고요하다 목적지로 방위를 확인한다. 수평으로 비행할 때는 별로 할 일이 없다. 그 때는 습관적으로 담배를 꺼내 한 대 피운다.(지금은 끊었음) 안도의 생각과 무사히 이륙했다는 성취가 교차된다. 기류가 흔들리지 않을 때는 정지된 상태며 내 눈 아래 땅만이 서서히 움직인다. 내가 지구를 조종하고 있는 느낌이다. 인재 원통을 지나면 우측에 백담사가 있다. 그 당시에는 잘 알려지지 안했다(1967년). 다시 설악산을 보며 미시령을 지나 화진포 해수욕장으로 간다.

그 일대를 정찰하라는 임무다. 휴전선 근방 배들을 보며 그곳으로 비행하는 것이다. 지도에는 휴전선 표시가 정확이 있고 땅에는 철조망으로 장벽선이 있다. 공중에서는 텅 빈 공간이다 방위에 의해서 그 선을 지키며 비행하는 것이다. 밑을 내려다 보니 십 여척의 배들이다. 햇빛이 있으면 출렁이는 바다에서 반사로 인해 은빛선이 멋있는 광경인데 해가 넘어가니 보이지 않는다. 대략 삼백 미터 까지 내려가서 바다상공을 돌며 관측 장교에게 잘 관찰하라고 했다.

쌍안경으로 밑을 열심히 내려다본다. 배 있는 곳을 계속 돌면서 정찰했다. 나의 생각은 오징어 배 어부들이다.

배에서는 우리를 보고 손을 흔들어 준다. 누가 누구에게 보내는 신호일까? 우리는 같은 한국사람 으로써 인사 하는 것이다. 인간 많이 갖는 특징 이다. 무슨 내용일까? 아마도 고맙다, 반갑다, 안녕, 최소한 그런 내용일 것이다. 얼굴은 몰라도 서로가 같은 감정에서 의사 표시를 한 것이다. 차분하게 정박 되어 있는 고기잡이 배들이다. 육지에서 멀리 떨어져서 오늘밤은 낮으로 삼아 열심히 일할 어부 들이다. 무엇이 이상해서 특별 정찰 임무일까?

그러나 나는 정신을 바짝 차리고 동해안 상공에서 정찰 비행을 해야 한다. 한 발자국도 북으로 비행하면은 안 되는 국경선 근방이기 때문이다. 정신을 바짝 차린다. 이곳에서는 멀리서 바라보는 것이 있다. 서북쪽에는 큰 바위기둥들이 바다에서 수직으로 많이 떠 올라와 있다. 이 장엄한 바위 절벽의 산이다. 바위틈사이로 생명의 끈을 잡고 있는 노송들이 어떤 것은 매달려 있는 것이 인상적이다. 또 다른 것은 똑 바로 서 있다. 그 뒤에 더 높은 절벽들이 버티고 있다. 어떤 산수화가 이보다 더 아름다울 수 있을까? 이름 하여 금강산 이다. 바다 쪽이니 해금강 일 것이다. 삼 분이면 휘돌고 올수 있는 거리인데 장벽은 없어도 허공에 그려진 그 선을 넘을 수는 없다. 세계의 명산을 지척에 두고도 마음 되로 왕래 할 수 없는 환경이다. 그러므로 나의 긴장상태는 가장 예민하며 나의 눈은 독수리눈같이 주위의 모든 것을 살피며 비행하고 있다.

어찌 보면 이 광경을 누구에게도 그 당시는 말할 수 없었다.

나는 관측장교에게 자세히 정찰하라하며 계속 선회하며 돌고 있다. 우리 어선들을 바라보면서 평화롭게 고기 잡는 모습이 예전이나 똑 같다. 별다른 징후는 없었다. 벌써 날이 어둡기 시작하니 기수를 양구 쪽으로 돌렸다 멀리 우측에는 향로봉 백석산, 백암산이 보인다. 똑 같은 지형을 수십 번 왔다 갔다 하였어도 오늘의 석양그림자는 더 아름답다. 산 그림자고 길어지고 계곡 옆에는 드문드문 집들이 있다. 어떤 곳은 연기가 난다. 밥을 짓고 있으니 가족들은 몇 명이나 될까? 생각하니 군침이 돈다. 비행기를 조종을 하면서 공중에서는 평화롭게 보인다.

나는 조종사가 되기 위해 거창한 꿈도 없었다. 그 제복이 멋

있어 보였다. 복잡한 이런저런 여러 과정을 끝내고 드디어 항공학교로 갔다. 시험 합격은 필수적이다. 모두들 여러 곳에서 모여든 초급장교들이 저마다 아는 지식을 이야기들을 한다. 우선 겁에 질린다. 훈련과정이 너무 힘든 다고 말한다.

나는 그런 것은 상상도 못했다. 미리 포기하고 퇴교자도 있다 한다.

어느 정도 지상교육이 끝나고 비행훈련이 시작하는 날 첫째 시간이다.

비행학과장의 훈시가 내 심장의 정곡을 찔렀다.

"남자가 이 훈련의 과정을 힘들어서 낙오를 한다면 그자는 사회의 어느 분야에서도 낙오자가 될 것이다." 나는 오기가 생겼다 어떤 환경이라도 이과정은 끝내겠다는 각오다.

조종사의 상징인 "WING"을 왼쪽 가슴에 붙이는 것 보다는 참고 견디는 것을 배우는 것 이였다.

떠도는 말은 군 훈련 중에서 조종훈련이 육체적 정신적 고통이 제일 힘든 다는 것이다.

그런 과정들이 다 통과해서 입교자의 50 % 인 십오 명만 병아리 조종사가 졸업식 날 서로 손을 잡았다. 그런 병아리가 지금은 갈매기처럼 유유히 잘도 나른다.

삼마일 지점 밖에서 관제탑과 교신하여 착륙허가를 얻어 서서히 내려간다.

“조나단의 갈매기 꿈처럼 더 높이 더 멀리 ”가 생각난다.

쉬지 않고 자기 훈련을 통해서 삶의 의미를 발견하기 위해 더 높이 더 멀리 보자 했던가? 오늘 특별 임무도 잘 수행했다. 나는 다른 사람들이 볼 수 없는 금강산의 영상이 더욱 깊게 남는다. 특별 정찰비행이 무료 관광비행으로 겹쳐졌다. 덤으로 보는 노을빛은 더욱 아름답다.

어떤 신앙인의 만남

세상을 살아가는데 만남은 가장 중요한 부분이다. 누구를 만남에 따라 인생의 목표나 방향이 달라질 수도 있기 때문이다. 기쁨이나 슬픔을 같이하는 부부의 만남은 일생에서 가장 큰 일이며 누구를 만남에 의해서 운명이 결정되기 때문이다.

다정도 하고 때로는 밉고 싫은 친구의 만남, 배워야 할 선생의 만남, 선후배의 만남 등등이 인생살이 전부가 만남으로 시작한다. 우리생활에서는 만남과 헤어짐은 자연스러운 것이요 필수인 것이다.

믿음 생활에 있어서 모태 신앙이 아닌 경우 신앙의 뿌리가 어느 곳에 내리느냐 하는 것은 누구의 인도에 따라서 신앙의 깊이도 달라지고 태도도 달라진다. 처음 이민생활은 주거지가 이동 될 때 마다 이 교회 저 교회에서 예배를 드리게 된다. 우리는 이런 사람을 철새 교인이라 불렀다. 도덕적으로 별로 하자가 없으면 신앙인으로 생각했다. 나는 우여곡절 끝에 현제 교회로 등록한지 한 달이 지났다.

어느 분의 소개로 " 일대일 제자양육"이라는 성경 공부를 시작 하였다. 본 예배가 끝난 후 조용한 사무실에 앉아, 두 쌍의 부부가 매주 한 시간씩 공부했다.

온화한 성품의 권사님은 신앙생활에서 길잡이 강사였다. 손수 교재를 사 가지고 와서 주시며 앞으로 공부할 것을 기초단계부터 차근차근 설명해 주었다.

겨우 한 시간 강의가 끝났을 뿐인데 내마음속에 성경을 좀 더 자세히 읽어야 겠다는 씨앗이 심어진 것을 느낄 수 있었다. 성경을 읽는 양이 많아졌다. 2주정도가 지났을 때 권사님에 대한 이력을 외부로부터 들었다.

어떻게 그 권사님과 공부를 하게 되였느냐며 우리 부부들은 행운이라고 모두들 이구동성으로 말한다. 우연한 만남은 운명인가 우리부부 신앙생활의 튼튼한 뿌리가 되고 있다는 것을 그때는 깨닫지 못했다.

3주째는 구원이란 재목 이였다. 재목의 중요성을 강조 하고 권사님은 단호하게 말씀 하신다. 구원의 확신을 하지 못하면 더 이상 공부 할 수가 없다고 하며. 칼을 내리치듯 말씀하신다.

16 주의 교육 예정인데 3주 만에 이런 어려움이 앞에 놓였다. 신앙심의 측정인가? 초 신자로서는 쉽게 대답할 수가 없었다. 눈으로 직접 보는 것도 의심하는 세상으로 익숙해진 나는

참으로 안타까우며 어리둥절했다. 확신을 하라는 것이다 이것은 증명이 아니요 믿으라는 것이다. 그것이 신앙이요 믿는 자의 바른 길이라 한다.

성령 충만함으로 하나님을 믿는다는 것으로 알았던 나로서는 새 장에 갇힌 새처럼 파닥 거릴 뿐이다.

"너희로 하여금 너희에게 영생이 있음을 알게 하려 함이라." 라는 요한 1서의 구절을 반복해서 읽으며 강조 하시는 권사님은 선생이 학생에게 주입식 교육을 시키는 모습이었다.

우리는 고정된 생각을 바꾸고 참 신앙인의 바른 길을 찾아보자며 공부를 계속 하기로 했다. 그 이후 권사님의 말씀은 실천하는 바른 신앙이라는 것을 알고 우리들의 삶과 비교해 보게 되었다. 산다는 것은 무엇을 위하는 것일까? 어떻게 타성에 빠진 생활을 좀 더 의미 있는 삶의 모습으로 바꿀 수 있을까? 이것이 문제 이였다. 이럴 때 좋은 만남은 인생의 전환을 가져올 수 있는 기회로 삼을 수 있다. 권사님도 만남의 중요성을 강조하신다.

셀리번과 핼랜켈러의 만남은 인내를 극복하고 가느다란 희망을 집념으로 붙잡고 투쟁하며 끈질긴 노력으로 불가능을 가능으로 보여주는 만남이다.

"모리와 함께한 화요일" 이란 책은 선생 모리와 제자 미치앨봄의 떠난 자와 남는 자의 마지막 사제지간의 대화다. 시들어

가는 마지 막 인생길에서 촛불같은 만남이다.

소록도에서 나병환자를 40평생을 헌신으로 봉사한 서구의 두 수녀님 마리엔느와 마가렐은 젊은 20대에 소록도를 찾아와 60대 중반에 조용히 떠났다. 그들은 한센병자와 만나서 잊을 수 없는 감동적인 실화를 남겼다. 그녀들은 살아계신 천사였다.

강의가 끝이 날 무렵에 여러 가지를 암기 시켰다 어떤 구절은 날마다 자기를 부인하고 자기의 짐을 지고 바른 길을 따라오라 하신다." 라는 말씀이다. 실천은 다 못해도 마음속에 간직했다.

몇 해가 지난 오늘도 말씀을 한 줄 이라도 더 읽으려 애쓰고 있다. 모든 만남이 다 아름다울 수는 없다. 그러나 만남은 시작이다. 이 시작을 어떻게 좋은 열매로 맺느냐 하는 것은 성인으로써 성숙도를 높이는 계기가 된다. 만약 권사님과 만남이 없었다면 나는 지금도 철새 교인처럼 여기저기 기웃거리고 왔다 갔다 하였을 것이다.

단 하루의 여행

7월4일은 미국 독립기념일 이였다.

연휴를 즐기고 싶은 마음은 누구나 똑같은 마음 이다.

즐거움이요 싱그러움이요 속박에서 벗어난 해방이다.

.교회에서 친구 다섯 명이 일일 여행을 가기로 했다. 덴마크 촌 솔뱅 으로 정했다. 네 명이 싱글 여성이고 남성은 나 혼자다. 내가 운전하며 내차로 가기로 했다.

생활에 별다른 변화 없이 살아가는 사람들이라 어린애처럼 기뻐했다. 날개가 있다면 하늘을 날아갈 기세였다.

로스 엔젤레스의 날씨는 맑다. 아침 일찍 서둘러 출발했다.

한 시간 쯤 달리다 산타바바라에 있는 맥도날드 식당에 도착했다. 벌써 주차장은 꽉 차있다. 차가 하나 나간다. 아침부터 일찍 행운을 준다. 약간 기다렸다. 주차했다. 모두들 우르르 안으로 들어갔다. 식당은 많은 사람들이 있고 일찍 출발하여 이곳에 왔는지 옹기종기 모여 있다. 생각들은 모두가 비슷비슷한 모양이다.

푸짐하게 주문하여 수북이 가져왔다.

이렇게 조그마한 일에 만족하고 낄낄대며 웃는다. 어려운 것도 안인데 좀 자주 놀러 다니고 싶어요, 라고 하는 것 같다. 답답하게 집에만 있다가 야외로 나오니 기운이 넘치는 모양이다.

식사가 끝나 밖에 나와 가벼운 채조들을 한다.

다시 출발하여 태평양을 바라보며 달리고 있다. 바다는 짙은 안개로 덮여있어 보이지 않는다. 프리웨이는 비교적 한산하다.

뒤 좌석에는 3인이 앉았다. 한정된 공간에서 지난 과거 이야기가 계속된다.

누가 묻고 대답하지도 않은데 이야기는 그치지 않는다. 학창시절의 이야기는 침이 마르도록 옥타브가 높다. 모두들 이야기 속에 깊이 빠져 안개 따위는 잊고 행복한 표정들이다.

차는 다시 내륙 쪽으로 행로가 바꾸었다. 약간 경사진 길을 달려간다.

안개가 조금씩 짙어지더니 시야가 10 미터도 안 된다.

왕복 2차선 도로에 안개가 끼니 모두가 거북이 걸음이다.

이야기 소리가 뚝 그치더니 조용해지며 긴장된 상태가 운전하는 나에게 까지 전해진다.

가끔 깜작 놀래는 소리도 나며, 더 천천히 가자고 말한다.

나의 생각으로는 안전운행을 하지만 그들은 불안한 모양이다.

시계를 보니 약 20분 정도의 안개 속을 달렸다. 여행을 망칠까 걱정하고 있을 때 다행히 시야가 희뿌옇게 트이고 있다. 함성을 지르고 답답하게 막힌 가슴을 쓰러 내린 것 같다. 상항이 순식간에 바꾸어졌다. 기쁨 이란 이렇게 긴장과 불안과 그 어떤 시련의 극복 후에 얻어지는 것인가?

아름다운 시골풍경이 나타난다. 문명이라는 손때가 덜 묻은 산들이 그대로 평화스럽다. 마음속 먼지를 뱉어 버리고, 새롭고 신선한 호흡으로 자신을 깨끗이 씻어내고 있다. 밖을 본다. 집들이 한 둘 보이더니 외쪽으로 큰 건물이 보인다. 이 지역 인디언이 운영한다는 카지노 건물이다. 과연 그 곳에서 얻어진 수익이 보람 있고 인디언의 후세를 위해서 잘 사용 되였으면 하는 바램 이다. 어느새 목적지에 왔다.

큰 풍차가 모습을 나타내며 올망졸망한 상점들이 도시 하나를 이루고 있다. 아직은 분주하지 않다. 길에 주차를 하고 걸으면서 구경한다.

옛날 유럽풍의 거리다. 솔뱅은 우선 하얀 벽에 검은 태를 두른 창문이 있는 동화책 속에 나오는 집들이 유명하다. 옷 가게, 주얼이 가게, 캔디 가게 특색 보다는 깨끗이 잘 정돈 되어 있다. 거리에서 마차를 타는 관광객도 있다. 두리번거리며 우리를 쳐다본다. 사는 것 보다는 보는 즐거움 이다. 검은 치마에 하얀 앞치마 고깔모자를 쓴 아기씨가 지나간다.

일행 중에 색이 고은 원피스를 샀다. 손녀에게 선물한다 말한다. 내리 사랑이라고 위 보다는 아래로 향하는 마음이다. 할머니에게 손녀는 막 피어난 수선화 같은 존재다. 차는 끝없이 들어오고 있다. 도시 구경인지 사람 구경인지 구분이 어려운 하루 관광 이였다.

많은 사람들이 우리와 같은 생각에서 이곳을 많이 찾아온 모양이다.

그래서 연휴는 뒤죽박죽 속에 지나고 우리는 그 물결 속에 섞이어 따라가는 것이다.

돌아오는 길에 해변 길을 택했다.

안개가 걷히고 파란 물결에 파란 하늘이다. 바다는 볼 때 마다 항상 다른 느낌이다. 출렁 이는 물결이 부드럽다. 다섯 군데 정박한 배들이 보인다. 확인하지는 안 했지만 시추선이 일을 하고 있다고 말한다.

모두들 해변을 바라보며 답답했던 마음을 훌훌 턴다.

산타바바라 도시 해변에서 차를 세웠다. 이곳 피어로 가는 길이다.

모두 내려서 기지개를 편다. 바다와 하늘을 품에 한껏 안는다.

무상으로 받은 자연의 선물이다.

분홍빛으로 물든 그들의 얼굴은 할머니가 아니다.

막 사춘기를 맞이한 소녀 들이다. 여행은 매직이다.

나 또한 단 하루의 여행 이였지만 소녀들과 어울려 풋풋한 소년이 되었다.

더구나 청일점이라니! 시간을 뒤로하는 마술사! 여행은 자주 할 일이다.

역시 활력소가 되는 또 다른 모습이다.

마사이 마라 원주민

– 아프리카 여행에서

지구상에는 많은 종류의 사람들이 살고 있다

서로 다른 민족이 각각의 언어를 갖고 자기들의 습관과 풍습대로 살아간다.

인류는 자연과 더불어 다양한 형태로 변화되고 적응하고 발전하면서 살아왔다. 기후와 지역과 환경에 따라서 발전이나 변화는 서로 다르게 진행 되였다.

어떤 지역에서는 변화속도가 너무 빨라서 보통사람의 생각으로는 상상을 못할 정도다. 그러나 다른 지역에서는 문명의 발달이 천천히 혹은 정지된 상태다. 원 주민들이 옛 모습 그대로 살고 있는 것이 놀랍다.

마사이 원주민이 사는 곳을 방문했다.

원 주민들이 옛 모습 그대로 태초처럼 살고 있는 것 이 놀랍다.

적도의 나라 아프리카 중앙에 위치한 케냐 국가다. 이곳은 미국 오바마 대통령 아버지 고국이다. 원주민을 만나서 이야기도 하고 생활상을 보았다. 대 평원에서 살고 있다. 세계의 유산 일명 세렝케티 국립공원이요, 우리나라 제주도 땅의 넓이의 크기다.

이 고원은 두 국가가 소유했다. 하나는 케냐지역이고 다른 하나는 탄자니아 지역이다. 영국이 지배하면서 둘로 나누고 탄자니아 지역이 훨씬 넓다. 그러나 케냐지역은 관광시설이 더 잘 되었다고 모든 관광객이 이곳으로 온다고 말 한다.

현재 사는 마을은 우리와 같은 수준의 부락을 이루고 산다.

그러나 옛날 전통 마을을 그 옆에 여행객에게 보여 준다. 현제 그들이 살고 있는 옆 동내에 있으며 아무도 살지 않고 관광용이다. 학교 운동장 크기의 원형이며 주위를 울타리로 막고 있다. 울타리 재료는 나무를 얼기설기 역어서 새워져 있다. 밖에서 안이 다 보인다. 출입구도 몇 군데 있다. 야간에는 문을 막는다고 말한다. 야수로부터 가축을 보호하기 위해서다.

옛날 원시 집들이 울타리로부터 2미터 정도 떨어져서 울타리 안에 지어져 있다. 연립이 아니다. 독립된 집들이 20채가 5미터 정도 간격으로 울타리를 다라서 빵 둘러져 있다.

가로 6미터 세로 4미터정도의 크기로 높이는 약 2미터 정도며 직사각형 이다. 입구는 문이 없고 벽과 지붕만 있다. 창문도 없이 창고 같은 주거지다.

벽은 손가락 크기의 나뭇가지를 역어서 겹으로 새우고 그 사이사이를 소똥으로 발랐다. 소똥을 계속 문질러 발라서 안과 밖을 여러 차례 발라서 벽면을 평평하게 만든다. 벽두께는 현제 우리 주택과 비슷하다. 소똥이 완전히 건조된 상태는 냄새고 없고 옛날 흙 토담집 같다. 소똥은 그 들에게 꼭 필요하고 훌륭한 건축 재료다. 지붕은 갈대 잎처럼 생긴 긴 풀잎나무를 다발로 묶어서 지붕위에 얹어놓았다.

안은 7평정도의 넓이로 중앙상단에는 솥을 놓은 자리는 부엌역할을 하고 양옆에 잠자리가 마련되어 있다.

몇 개의 기둥이 경계도 되고 지붕도 받혀준다. 원룸 시스템이지만 화장실은 없다.

입구는 ㄱ,자형으로 꾸부러 들어간다. 이유는 혹 밤에 야생동물의 침입을 방어 하기위한 수단이다. 동물들은 일직선으로 달려와 벽에 부딪침으로 방어할 수 있다.

공동으로 사용하는 운동장은 낮에는 아이들의 놀이터요 밤에 방목했던 소나 기타 가축들의 숙소다. 야수들로부터 보호를 하기 때문에 울타리 안에서 잠을 잔다.

식생활은 평원에서 사는 동물들이 그들의 먹이요, 육식을 하며 우유와 동물의 피를 먹고산다. 채소는 먹지 않는다고 말한다. 풍습과 습관이 인간의 삶을 지배하는지 음식생활이 그렇게 다르다.

과일과 채소를 많이 먹어야 한다고 귀가 닳도록 교육 받고 있는 우리로 서는 걱정스럽다. 땅과 접촉이 많은 민족이라 살아 갈수 있는 것 같다. 대지는 인류의 어머니다. 그들과 동거하고 접촉하면서 생존의 비밀을 전해주고 있다고 믿는다.

그 넓은 평원에 채소를 기르는 밭은 보이지 않는다. 이해 할 수 없으나 믿을 뿐이다.

의복은 원래 붉은 감색 천으로 인도 사람처럼 몸을 감았다. 지금은 청바지를 입고 보통 우리들과 같은 것을 입는다. 그러나 몇몇은 관광용으로 그들의 옷을 입고 있다. 그래도 생존 수명 연령이 우리와 비슷하다고 말한다.

원주민은 문명의 발달을 거부하는지 알 수 없다 어떤 면에서 행복지수는 우리 보다 높을 수도 있다. 우선 의식주 해결이 단조롭고 그들의 방식 되로 사는 것이 어렵지 않다. 인생살이에 의식주 때문에 생존경쟁이요 욕망이요 집착이 생기지 않을까? 그리하여 두뇌의 발달로 시행착오를 반복 하면서 인류는 발전되었다. 좀 더 나은 것을 갖기 위한 끝없는 노력 이었다.

밤에는 그들의 풍속 놀이를 보았다. 작대기 같은 것을 갖고 춤을 추고 북도 두들긴다. 30분 이상을 5명이 하는데 땀을 비오듯 흘린다. 단순한 옛날 생활이다.

그들의 눈높이로 우리 생활의 종과 횡의 좌표를 비교하여 본다면 우리는 물질문명의 우수성으로 과연 우쭐할 수 있을까?

비교의 대상도 없어 어떤 면에서 우리보다 마음은 훨씬 안정되어 생활 할 수 있을 것이다. 연필을 선물로 그들에게 주었다. 관광객들의 습성을 아는지 그렇게 욕심도 부르지 않는다. 주는 대로 받고서 즐거워한다. 더 달라고 몇 번하다 그만둔다.

책을 읽고 글 쓰는 것을 아는지 물어 볼 것을 뒤늦게 아차 했다.

우리 일행을 인도하는 젊은이는 한 30세 정도로 보인다. 영어를 해서 서로 의사소통은 된다. 군대 총검술 칼 같은 크기의 칼을 차고 다닌다. 만지면서 대견스러워한다. 폼을 낸다. 성년식이 끝나면 칼을 휴대할 수 있다는 말을 들었다. 성년식은 4일간 진행하며 여러 어려운 고난을 겪는다. 그러므로 자부심을 갖는다. 그들에게 우리가 모르는 불문율이 있을 것이다. 마사이족은 맨손으로 사자를 잡는다 한다. 그가 과연 사자를 잡았을까?

이곳은 야생동물의 낙원이다. 빅 파이브라 불리는 사자 표범 코끼리 코뿔소 버팔로 차를 타고서 다들 만나보았다. 들판에는 주로 갈대나무 혹은 풀 나무 들이다.

가끔 듬성듬성 나무들이 보인다. 5미터 정도 키에 잎이 많아 그늘로 이용하기에 적당한데 이곳에서는 아카시아 나무라 하는데 한국의 아카시아 나무와는 전혀 다른 종류다. 갈대풀 언덕위에 홀로 서있는 것이 외롭게 보인다. 영화 OUT OF AFRICA를 더 오르게 한다.

문명인은 편리함이나 안락을 위한 끝없는 투쟁이다. 정신적 고뇌는 끝이 없다. 그들은 우리와 비교할 때 정신적 고통은 훨씬 단순할 것 같다.

과연 인간의 삶이 정신과 물질로 분류된다면 우리는 물질을 선택했고 그들은 자연의 순리대로 사는 정신세계를 선택한 것 같다.

마사이마라 원주민에게 배울 것이 많이 있다. 그리고 그것은 백과사전에도 없는 것들이다.

푸덕이

물오리 때가 우르르 몰려온다. 쉰 마리는 넘는다. 발 앞까지 바짝 왔다. 툭 차면 서너 마리는 넘어질 것 같은 기분이다. 중닭 정도의 크기다. 처음에는 물오리 새끼로 알았는데 종류가 다르다. 몸집이 작은 오리들이다. 통통하지만 몸매가 날씬하다. 회색에 가까운 검은 색이다. 부리는 하얀 색으로 일 인치보다는 약간 길다. 우리는 서로 눈을 마주하며 쳐다본다. 내 손이 어느 방향으로 움직임에 따라서 그들의 행운이 왔다 갔다 한다. 손에는 쿠키 부스러기를 들고 있다. 던지려는 자세를 취하다가 나는 멈추고 푸덕이를 찾고 있다. 몸을 마음대로 못 쓰는 녀석이다. 벌써 다섯 번째 만남이다.

약 한달 전에 있었던 일이다. 나는 매주 화요일이면 친구들과 함께 골프를 친다. 로스 엔젤스 카운티 L 골프장에서 일어난 일이다. 17번은 par-three 홀이다. 일반적으로 par-three는 많이 기다리다가 볼을 친다. 오늘도 두 팀이 기다리고 있다. 티

박스가 연못으로 둘러 쌓여있다. 연못은 말발굽 모양으로 곡선이며 “ㄷ”자 형이다. 폭은 30 미터 길이도 300미터 정도 된다. 티 샷을 하고 다리를 건너 그린으로 가는 재미있는 홀이다. 이곳에 도착하면 의례히 물에서 놀거나 혹은 잔디에서 먹이를 주어먹든 오리 때들이 우리를 보면 주위로 모여든다. 가끔 골퍼들이 먹이를 던져주는 습관 때문일 것이다. 어떤 오리는 우리 옆 까지 바짝 가까이 온다. 해치지 않을 것이라는 눈치다. 덩달아 다람쥐도 어쩌다 가끔 먹이를 얻어먹고 신이 나서 주위를 돌며 나무를 오르고 내리며 이리저리 다닌다. 그냥 아름답고 자연스런 풍경이다.

그런데 오리 한 마리가 내 눈을 사로잡았다. 옆으로 비스 듬이 누어 날개를 푸덕거리며 오고 있다. 상당히 힘이 드는 모습이다. 다른 오리들은 뒤뚱뒤뚱 걸어오다, 뛰는데, 그 오리는 그렇지 않다. 자세히 보니 오른발에 큰 부상을 당해 몸을 마음대로 움직이지 못한다. 보기에도 안쓰러운데 어떻게 견디며 지낼까?

친구가 빵 부스러기를 뿌려 준다. 우르르 모여든다. 동물들은 먹는 것을 보면 죽을 둥 살 둥 지나치게 경쟁을 한다. 너무 냉혹한 관계인 것 같이 보인다. 오직 제 각기 이기주의요 독불장군이다. 부모 형제도, 자식도, 철저히 남남이다. 푸덕이는 체

념하였는지 눈만 말똥말똥 뜨고 나를 쳐다본다. 그러나 다른 오리는 모이를 다 주어 먹고는 고개를 한두 번 쳐 들어 하늘을 쳐다본다. 그리고는 동료와 싸우는 것도 잊어버리고 천연덕스럽게 서 있으며 다시 다정하게 어울리는 것 같이 보인다. 감정의 대립은 순간적이고 시간의 흐름에 따라 잊어버리는 습성일까? 한 번의 대립에도 기억을 걷어내지 못하고 꿍한 생각을 곱씹는 인간과는 너무 다르다.

우리는 매주 만났다. 3번째 만날 때는 일부러 쌀을 준비 했었다. 지난주에 빵 부스러기를 던졌으나 치열한 경쟁 속에서 푸덕이가 못 먹는 것이 안타까워 먹이를 바꾸었다.

어린 시절 시골에서 병아리 모이를 주던 기억이 떠올랐다. 그를 겨냥해서 던져 주면 다른 오리에 비하여 행동이 민첩하지 못하지만, 그러다가 한 두알 얻어먹고 그대로 그 자리에서 움직이지 않는다. 어쩌면 힘이 지쳐있는 모양이다. 잡아다가 내 앞에 놓고 먹이를 주면 잘도 먹을 것 같은데 옆으로 가면 다른 오리 보다 더 빨리 도망을 간다. 한번 부상을 당하고 눈치는 그 이상으로 발달 되였나 보다.

4번째는 일부러 큰 빵조각을 던지니 다른 오리가 얼른 잡아물고 연못 속으로 날아간다. 푸덕이가 쳐다보는 모습이 애처롭다. 불편한 몸이기에 민첩하지 못한 자신을 원망하는 느낌이다. 몸이 정상이라면 당당히 맞 설수 있는데 그렇지 못하다. 다른 오리를 미워할 수도 없고 생존 경쟁에서 뒤로 밀려 아픔과 고통을 느낀 것이다.

인간은 고통을 받을 때 또 다른 희망을 생각 한단다. 고통이 없는 어떤 성취가 있겠니?

진정한 행복은 고통 다음에 온다는 평범한 진리다.

이 푸른 초원의 대 자연은 너에게 큰 종합 병원이다. 모두가 자생할 수 있는 환경이다.

그래도 생각을 달리하면 너는 축복을 많이 받았다. 하늘을 나르고 물속에서 해엄치고 땅에서 걸으면서 어디든지 갈 수 있다. 우리가 말하는 육, 해 공군이다. 만능인 것이다. 너와 같은 부류가 얼마나 되느냐? 너는 그러한 능력에 무한한 감사를 보내야한다. 물고기는 물속에서만 지렁인 땅속에서만 생각해 보렴 절대자의 은총 속에 얼마나 축복을 많이 받았나, 답답하니? 너는 지금 약간의 제한을 받을 지라도 그 자체만이라도 감사해야 한다.

오늘은 다섯 번째 만나는 날이다. 쿠키를 손에 들고 가니 어느새 눈치를 채고 모여들었다. 그들도 모임이 조직적인 것 같다 통장, 반장이 있고 임무 분담이 있고 그들의 경계선의 울타리가 있는 느낌이다. 17번 티 박스 왼쪽 호수 옆에는 유도화가 10 미터 정도 울타리를 만들고 있다. 그곳에서 항상 그들을 같은 곳에서 만나기 때문이다. 티 박스 오른 쪽에는 다른 구릅이 있다. 나는 눈을 두리번거리며 몸이 불편한 푸덕이를 찾는다. 놀랍게도 그는 지금 절룩거리며 걸어온다. 뒤편에서 서서히 나에게 접근한다. 지난주 보다는 훨씬 많이 회복되었다. 나는 팔짱을 키고서 그를 한참 쳐다본다. 내 속이 훤히 뚫리고 기인 숨이 저절로 난다.

다른 오리들은 조용히 나를 쳐다본다. 그래 친구와 비교한다면 아직도 움직임이 어렵다. 그러나 절름발이라도 얼마나 다행이냐? "휠체어 타는 사람은 지팡이만 집고 걷는 사람을 부러워한단다." 왜 그렇겠니? 천천히 회복이 되더라도 짜증부리지 말라, 모든 일은 조급하게 이루어지지 않는다. 생명은 끈질긴 것이다. 너를 위해 이렇게 먹을 것을 준비하여 갖고 왔다. 다른 오리들은 내 발 옆에 까지 와서 먹을 것을 달란다. 먹기 위해서는 옆으로 가까이 왔다. 이번에는 단번에 넉넉하게 많은 모이를 던졌다. 오리들은 고개를 처박고 모이를 먹느라 정신이 없다. 푸덕이 앞에 큰 부스러기를 던졌다. 부스러기 하나를 얼른 하얀 부리가 잽싸게 잡더니, 날개를 푸덕거리며 연못 속으로 날아간다. 할 수 있다는 자신감을 본다.

다른 오리들도 고개를 쭉 빼어 푸덕이를 쳐다본다. 바람결에 내 휘파람이 흘러간다. 오늘따라 하늘은 더 맑고 푸르다.

오영방 수필집

길 따라 친구 따라

2017년 7월 5일 초판 인쇄
2016년 7월 6일 초판 발행
저 자 오 영 방
발행인 신 용 호
발행처 창조문학사
서울 서대문구가좌로 86 동천아카데미5층
등록번호 제 1-263호
전화 02 - 374 - 9011 FAX 374-5217
이메일: hmpo@hanmail.net
공급처: 한국출판협동조합 전화 716-5616~9

ISBN 978-89-7734-445-7
정가 15,000원